Langenscheidts Verb-Tabellen Deutsch

Konzeption von
Dr. Heinz F. Wendt
neu bearbeitet von
Dr. Maria Thurmair

Langenscheidt

Berlin · München · Wien · Zürich · New York

Herausgegeben von der Langenscheidt Redaktion
Konzeption von Dr. Heinz F. Wendt
neu bearbeitet von Dr. Maria Thurmair
Projektleitung und Redaktion: Christian Frieser

Auflage:	5.	4.	3.	2.	1.	Letzte Zahlen
Jahr:		03	02	01	2000	maßgeblich

© 2000 Langenscheidt KG, Berlin und München
Druck: Druckhaus Langenscheidt, Berlin-Schöneberg
Printed in Germany · ISBN 3-468-34111-3

Inhaltsverzeichnis

Hinweise zur Benutzung der Tabellen und der Liste

1. **Formen in Klammern** sind veraltet, selten gebräuchlich oder auf einen feierlichen Stil beschränkt: (buk), (büke) von **backen**.

2. **Die trennbaren Verben** sind mit einem geraden Strich zwischen dem trennbaren Präfix und dem Grundverb bezeichnet. Das trennbare Präfix trägt außerdem ein Betonungszeichen: 'aus|fragen; ich frage aus, ausgefragt.

3. Um eine möglichst **schnelle und einfache Orientierung** zu ermöglichen, sind die Hinweise in der alphabetischen Liste der Verben auf die Angabe einer wesentlichen Konjugationstabelle beschränkt, z. B.

   'ab|bilden   Verweis auf   'aus|fragen: ich frage aus
                                      entsprechend: ich bilde ab
   'ab|steigen   Verweis auf   **steigen** (s. Seite 48)

   Alle anderen Formen, Stellung des Präfixes ab- usw. sind aus dem Muster **'aus|rufen** zu erschließen.
   Als Norm gilt, dass die zusammengesetzten Zeiten eines Verbs im Aktiv mit **haben** gebildet werden. Ein besonderer Hinweis ist damit überflüssig. Die Konjugation mit **sein** ist dagegen gekennzeichnet, z. B.

   'ab|steigen v/i (sein):   **ich steige ab**
                                   ich stieg ab
                                   ich **bin** abgestiegen

   (→ sein) bedeutet, dass das Verb mit **sein** konjugiert wird, wenn eine **gerichtete Bewegung** vorliegt, z. B.
   ich **habe** (zwei Stunden) geschwommen
   aber: ich **bin** an das andere Ufer geschwommen.

   Ist man über eine bestimmte zusammengesetzte Form mit **sein** im Zweifel, findet man diese unter **erwachen**.

4. **Weitere Beispiele zur Benutzung der Liste:**
   'ab|gewöhnen j-m etw.; sich (D) etw. ~ (P. P. 'abgewöhnt)

   Wegen der Stellung des Reflexivpronomens muss das Muster **sich freuen** zu Rate gezogen werden. **D** hinter **sich** gibt an, dass das Reflexivpronomen im Dativ steht:

                             ich freue mich
                             ich gewöhne **mir** etwas ab.

   P. P. abgewöhnt macht darauf aufmerksam, dass das Partizip kein weiteres ge- zu sich nimmt.
   Der Vermerk **v/i (sein) D; A** hinter **unter'laufen** bedeutet:
   unterlaufen ist intransitiv, wird mit **sein** konjugiert und mit dem Dativ verbunden, z. B.

                    Ein Fehler **ist mir** unterlaufen.

   A nach dem Semikolon bedeutet, dass das Verb auch transitiv sein kann, also ein Akkusativobjekt zu sich nimmt und mit **haben** verbunden wird, z. B.
                    Er **hat die Verordnung** unterlaufen.

Abkürzungen

A	Akkusativobjekt
a.	auch
D	Dativobjekt
etw.	sächliches Akkusativobjekt
fig.	figürlich
G	Genitivobjekt
Imp.	Imperativ
Ind.	Indikativ
Inf.	Infinitiv
j-m	meist persönliches Dativobjekt
j-n	meist persönliches Akkusativobjekt
Konj.	Konjunktiv
mst.	meist
N	Substantiv im Nominativ (Gleichsetzungsnominativ)
od.	oder
Pass.	Passiv
Perf.	Perfekt
P. P.	Partizip Perfekt
Präs.	Präsens
s.	siehe
v/i	intransitives Verb; Verb, das nur ohne Objekt oder mit einem inneren Objekt verwendet wird (z. B. ist „Walzer" in „Walzer tanzen" inneres Objekt, da es als Tanz das Verb **„tanzen"** nur näher bestimmt).
v/t	transitives Verb
→	(sein) s. Hinweise zur Benutzung 3.
*	nach einer Verbform: Konjunktivform = Indikativform

Schwach

lieben

Aktiv • Einfache Zeiten

Indikativ		**Konjunktiv**	
Präsens	**Präteritum**	**Konj. I** **(Konj. Präs.)**	**Konj. II** **(Konj. Prät.)**
ich liebe	liebte	liebe	liebte/würde lieben
du liebst	liebtest	liebest	liebtest/würdest lieben
er liebt	liebte	liebe	liebte/würde lieben
wir lieben	liebten	lieben	liebten/würden lieben
ihr liebt	liebtet	liebet	liebtet/würdet lieben
sie lieben	liebten	lieben	liebten/würden lieben

Imperativ *DU*

—
liebe! (lieb!)
—

ge + stem + t

lieben wir!/lasst uns lieben!
liebt!/lieben Sie!

ihr —

Infinitiv Präsens: lieben   **Infinitiv Perfekt:** geliebt haben
Partizip Präsens: liebend   **Partizip Perfekt:** geliebt
Verben mit unbetontem Präfix kein ge-: ver'liebt, über'rascht

Zusammengesetzte Zeiten

Präsens

Indikativ

Perfekt	**Plusquampf.**	**Futur I**	**Futur II**
ich habe geliebt	hatte geliebt	werde lieben	werde geliebt haben
du hast geliebt	hattest geliebt	wirst lieben	wirst geliebt haben
er hat geliebt	hatte geliebt	wird lieben	wird geliebt haben
wir haben geliebt	hatten geliebt	werden lieben	werden geliebt haben
ihr habt geliebt	hattet geliebt	werdet lieben	werdet geliebt haben
sie haben geliebt	hatten geliebt	werden lieben	werden geliebt haben

Konjunktiv

Vergangenheit **Konj. I**	**Vergangenheit** **Konj. II**	**Futur**
ich habe geliebt	hätte geliebt/würde geliebt haben	werde lieben
du habest geliebt	hättest geliebt/würdest geliebt haben	werdest lieben
er habe geliebt	hätte geliebt/würde geliebt haben	werde lieben
wir haben geliebt	hätten geliebt/würden geliebt haben	werden lieben
ihr habet geliebt	hättet geliebt/würdet geliebt haben	werdet lieben
sie haben geliebt	hätten geliebt/würden geliebt haben	werden lieben

geliebt werden

Passiv

Indikatief

Präsens

ich werde geliebt
du wirst geliebt
er wird geliebt
wir werden geliebt
ihr werdet geliebt
sie werden geliebt

Präteritum

wurde geliebt
wurdest geliebt
wurde geliebt
wurden geliebt
wurdet geliebt
wurden geliebt

Perfekt

ich bin geliebt worden
du bist geliebt worden
er ist geliebt worden
wir sind geliebt worden
ihr seid geliebt worden
sie sind geliebt worden

Plusquamperfekt

war geliebt worden
warst geliebt worden
war geliebt worden
waren geliebt worden
wart geliebt worden
waren geliebt worden

Futur I

ich werde geliebt werden
du wirst geliebt werden
er wird geliebt werden
wir werden geliebt werden
ihr werdet geliebt werden
sie werden geliebt werden

Futur II

werde geliebt worden sein
wirst geliebt worden sein
wird geliebt worden sein
werden geliebt worden sein
werdet geliebt worden sein
werden geliebt worden sein

Imperativ
(aus dem Zustandspassiv: sei ...!)

—

(werde) **sei** geliebt!

—

(werden wir) **seien wir** geliebt!
(werdet) **seid**, (werden Sie) **seien Sie** geliebt!

—

Infinitiv Präsens: geliebt **werden**   **Inf. Perfekt:** geliebt **worden sein**
Partizip Modalpartizip: zu liebend   **Partizip Perfekt:** geliebt

Konjunktiv (Passiv)

Konj. I (Konj. Präs.)

ich werde geliebt
du werdest geliebt
er werde geliebt
wir werden geliebt
ihr werdet geliebt
sie werden geliebt

Konj. II (Konj. Prät.)

würde geliebt
würdest geliebt
würde geliebt
würden geliebt
würdet geliebt
würden geliebt

Vergangenheit Konj. I

ich sei geliebt worden
du seiest geliebt worden
er sei geliebt worden
wir seien geliebt worden
ihr seiet geliebt worden
sie seien geliebt worden

Vergangenheit Konj. II

wäre geliebt worden
wärest geliebt worden
wäre geliebt worden
wären geliebt worden
wäret geliebt worden
wären geliebt worden

Futur Konj. I

ich werde geliebt werden
du werdest geliebt werden
er werde geliebt werden
wir werden geliebt werden
ihr werdet geliebt werden
sie werden geliebt werden

Futur Konj. II

würde geliebt werden
würdest geliebt werden
würde geliebt werden
würden geliebt werden
würdet geliebt werden
würden geliebt werden

geliebt sein

Zustandspassiv

Indikativ

Präsens

ich bin geliebt
du bist geliebt
er ist geliebt
wir sind geliebt
ihr seid geliebt
sie sind geliebt

Präteritum

war geliebt
warst geliebt
war geliebt
waren geliebt
wart geliebt
waren geliebt

Perfekt

ich bin geliebt gewesen
usw.

Plusquamperfekt

war geliebt gewesen
usw.

Futur I

ich werde geliebt sein
usw.

Infinitiv: geliebt sein
Partizip Perfekt: geliebt

Konjunktiv

Konj. I (Konj. Präs.)

ich sei geliebt
du seiest geliebt
er sei geliebt
wir seien geliebt
ihr seiet geliebt
sie seien geliebt

Konj. II (Konj. Prät.)

wäre geliebt
wärest geliebt
wäre geliebt
wären geliebt
wäret geliebt
wären geliebt

Vergangenheit Konj. I

ich sei geliebt gewesen
usw.

Vergangenheit Konj. II

wäre geliebt gewesen
usw.

Futur Konj. I

ich werde geliebt sein
du werdest geliebt sein
usw.

Futur Konj. II

ich würde geliebt sein
du würdest geliebt sein
usw.

lieben

Konjunktiv der indirekten Rede
Man sagt,

Aktiv

Gegenwart

Konj. I	bzw.	Konj. II	bzw.	würde + Infinitiv
ich liebe*		liebte*		würde lieben
du liebest		liebtest*		würdest lieben
er liebe		liebte*		würde lieben
wir lieben*		liebten*		würden lieben
ihr liebet		liebtet*		würdet lieben
sie lieben*		liebten*		würden lieben

Zukunft

Konj. I	bzw.	würde + Infinitiv
ich werde lieben*		würde lieben
du werdest lieben		würdest lieben
er werde lieben		würde lieben
wir werden lieben*		würden lieben
ihr werdet lieben*		würdet lieben
sie werden lieben*		würden lieben

Vergangenheit

Konj. I	bzw.	Konj. II
habe geliebt*		hätte geliebt
habest geliebt		hättest geliebt
habe geliebt		hätte geliebt
haben geliebt*		hätten geliebt
habet geliebt		hättet geliebt
haben geliebt*		hätten geliebt

> Bei Formengleichheit mit dem Indikativ (Formen mit *) wird meist auf eine andere Form ausgewichen.

Passiv

Gegenwart/Zukunft

Konj. I	bzw.	würde + Infinitiv
ich werde geliebt*		würde geliebt
du werdest geliebt		würdest geliebt
er werde geliebt		würde geliebt
wir werden geliebt*		würden geliebt
ihr werdet geliebt*		würdet geliebt
sie werden geliebt*		würden geliebt

Vergangenheit

Konj. I	oft	Konj. II
sei geliebt worden		wäre geliebt worden
usw.		usw.

'aus|fragen (trennbare schwache Verben)

Aktiv • Einfache Zeiten

Indikativ		Konjunktiv	
Präsens	**Präteritum**	**Konj. I** **(Konj. Präs.)**	**Konj. II** **(Konj. Prät.)**
ich frage aus	fragte aus	frage aus	fragte aus/würde ausfragen
du fragst aus	fragtest aus	fragest aus	fragtest aus/würdest ausfragen
er fragt aus	fragte aus	frage aus	fragte aus/würde ausfragen
wir fragen aus	fragten aus	fragen aus	fragten aus/würden ausfragen
ihr fragt aus	fragtet aus	fraget aus	fragtet aus/würdet ausfragen
sie fragen aus	fragten aus	fragen aus	fragten aus/würden ausfragen

Imperativ

—

frage aus!/frag aus!

—

fragen wir aus!/lasst uns ausfragen!
fragt aus!/fragen Sie aus!

—

Infinitiv Präsens: ausfragen   **Infinitiv Perfekt:** ausgefragt haben
Partizip Präsens: ausfragend   **Partizip Perfekt:** ausgefragt

Zusammengesetzte Zeiten

Indikativ

Perfekt	**Plusquamperfekt**
ich habe ausgefragt	hatte ausgefragt
du hast ausgefragt	hattest ausgefragt
er hat ausgefragt	hatte ausgefragt
wir haben ausgefragt	hatten ausgefragt
ihr habt ausgefragt	hattet ausgefragt
sie haben ausgefragt	hatten ausgefragt

Futur I	**Futur II**
ich werde ausfragen	werde ausgefragt haben
du wirst ausfragen	wirst ausgefragt haben
er wird ausfragen	wird ausgefragt haben
wir werden ausfragen	werden ausgefragt haben
ihr werdet ausfragen	werdet ausgefragt haben
sie werden ausfragen	werden ausgefragt haben

Schwache Verben

Konjunktiv

Vergangenh. Konj. I	ich habe ausgefragt, du habest ausgefragt
Vergangenh. Konj. II	ich hätte ausgefragt
	ich würde ausgefragt **haben**
Futur	ich werde ausfragen
	usw. wie „lieben"

Konjunktiv der indirekten Rede
Man sagt,

Aktiv

Gegenwart

Konj. I	bzw.	**Konj. II**	bzw.	**würde + Infinitiv**
ich frage aus*		fragte aus*		würde ausfragen
du fragest aus		fragtest aus*		würdest ausfragen
usw. wie „lieben"				

Zukunft

Konj. I	bzw.	**würde + Infinitiv**
ich werde ausfragen*		würde ausfragen
du werdest ausfragen		würdest ausfragen
usw. wie „lieben"		

Vergangenheit

Konj. I	bzw.	**Konj. II**
ich habe ausgefragt*		hätte ausgefragt
du habest ausgefragt		hättest ausgefragt
usw. wie „lieben"		

Passiv
wie „geliebt werden"

ausgefragt werden

Passiv

Indikatov

Präsens	ich werde ausgefragt
Präteritum	wurde ausgefragt
Perfekt	ich bin ausgefragt worden
Plusquamperfekt	ich war ausgefragt worden
Futur I	ich werde ausgefragt werden
Futur II	ich werde ausgefragt worden sein
	usw. wie „geliebt werden"

Infinitiv Präsens: ausgefragt **werden**   **Perfekt:** ausgefragt **worden sein**
Partizip Modalpartizip: auszufragend   **Partizip Perfekt:** ausgefragt

Konjunktiv

Konj. I	ich werde ausgefragt
Konj. II	ich würde ausgefragt
Vergangenh. Konj. I	ich sei ausgefragt worden
Vergangenh. Konj. II	ich wäre ausgefragt worden
Futur Konj. I	ich werde ausgefragt werden
Futur Konj. II	ich würde ausgefragt werden
	usw. wie „geliebt werden"

Zustandspassiv

Indikativ

Präsens	ich bin ausgefragt
Präteritum	ich war ausgefragt
Perfekt	ich bin ausgefragt gewesen
Plusquamperfekt	ich war ausgefragt gewesen
Futur I	ich werde ausgefragt sein

Konjunktiv

Präsens	ich sei ausgefragt
Präteritum	ich wäre ausgefragt
Perfekt	ich sei ausgefragt gewesen
Plusquamperfekt	ich wäre ausgefragt gewesen
Futur I	ich würde ausgefragt sein

erwachen (sein)

Nur Aktiv • Einfache Zeiten

Indikativ		Konjunktiv	
Präsens	Präteritum	Konj. I (Konj. Präs.)	Konj. II (Konj. Prät.)
ich erwache	erwachte	erwache	erwachte/würde erwachen
du erwachst	erwachtest	erwachest	erwachtest/würdest erwachen
er erwacht	erwachte	erwache	erwachte/würde erwachen
wir erwachen	erwachten	erwachen	erwachten/würden erwachen
ihr erwacht	erwachtet	erwachet	erwachtet/würdet erwachen
sie erwachen	erwachten	erwachen	erwachten/würden erwachen

Imperativ

—

erwache!/erwach!

—

erwachen wir!/lasst uns erwachen!
erwacht!/erwachen Sie!

—

Infinitiv Präsens: erwachen   Infinitiv Perfekt: erwacht sein
Partizip Präsens: erwachend   Partizip Perfekt: erwacht
(bei unbetontem Präfix kein ge-!)

Zusammengesetzte Zeiten

Indikativ

Perfekt	Plusquampf.	Futur I	Futur II
ich bin erwacht	war erwacht	werde erwachen	werde erwacht sein
du bist erwacht	warst erwacht	wirst erwachen	wirst erwacht sein
er ist erwacht	war erwacht	wird erwachen	wird erwacht sein
wir sind erwacht	waren erwacht	werden erwachen	werden erwacht sein
ihr seid erwacht	wart erwacht	werdet erwachen	werdet erwacht sein
sie sind erwacht	waren erwacht	werden erwachen	werden erwacht sein

Konjunktiv

Vergangenheit Konj. I	Vergangenheit Konj. II	Futur
ich sei erwacht	wäre erwacht/würde erwacht sein	werde erwachen
du seiest erwacht	wärest erwacht/würdest erwacht sein	werdest erwachen
er sei erwacht	wäre erwacht/würde erwacht sein	werde erwachen
wir seien erwacht	wären erwacht/würden erwacht sein	werden erwachen
ihr seiet erwacht	wäret erwacht/würdet erwacht sein	werdet erwachen
sie seien erwacht	wären erwacht/würden erwacht sein	werden erwachen

Konjunktiv der indirekten Rede
Man sagt,

Gegenwart

Konj. I	bzw.	Konj. II	bzw.	würde + Infinitiv
ich erwache*		erwachte*		würde erwachen
du erwach**est**		erwachtest*		würdest erwachen
usw. wie „lieben"				

Zukunft

Konj. I	bzw.	würde + Infinitiv
ich werde erwachen*		würde erwachen
du werd**est** erwachen		würdest erwachen
er werd**e** erwachen		würde erwachen
wir werden erwachen*		würden erwachen
ihr werdet erwachen*		würdet erwachen
sie werden erwachen*		würden erwachen

Vergangenheit

Konj. I	oft	Konj. II
sei erwacht		wäre erwacht
seiest erwacht		wärest erwacht
sei erwacht		wäre erwacht
seien erwacht		wären erwacht
seiet erwacht		wäret erwacht
seien erwacht		wären erwacht

sich freuen

Nur Aktiv • Einfache Zeiten

Indikativ		Konjunktiv	
Präsens	**Präteritum**	**Konj. I (Konj. Präs.)**	**Konj. II (Konj. Prät.)**
ich freue mich	freute mich	freue mich	freute mich/würde mich freuen
du freust dich	freutest dich	freuest dich	freutest dich/würdest dich freuen
er freut sich	freute sich	freue sich	freute sich/würde sich freuen
wir freuen uns	freuten uns	freuen uns	freuten uns/würden mich freuen
ihr freut euch	freutet euch	freuet euch	freutet euch/würdet euch freuen
sie freuen sich	freuten sich	freuen sich	freuten sich/würden sich freuen

Imperativ

—

freue dich!

—

freuen wir uns!
freut euch!/freuen Sie sich!

—

Infinitiv Präsens: sich freuen   **Infinitiv Perfekt:** sich gefreut haben
Partizip Präsens: sich freuend   **Partizip Perfekt:** gefreut

Zusammengesetzte Zeiten

Indikativ

Perfekt	**Plusquamperfekt**
ich habe mich gefreut	hatte mich gefreut
du hast dich gefreut	hattest dich gefreut
er hat sich gefreut	hatte sich gefreut
wir haben uns gefreut	hatten uns gefreut
ihr habt euch gefreut	hattet euch gefreut
sie haben sich gefreut	hatten sich gefreut

Futur I	**Futur II**
ich werde mich freuen	werde mich gefreut haben
du wirst dich freuen	wirst dich gefreut haben
er wird sich freuen	wird sich gefreut haben
wir werden uns freuen	werden uns gefreut haben
ihr werdet euch freuen	werdet euch gefreut haben
sie werden sich freuen	werden sich gefreut haben

Konjunktiv

Vergangenheit Konj. I	Vergangenheit Konj. II	Futur
ich **habe** mich gefreut	**hätte** mich gefreut	werde mich freuen
du **habest** dich gefreut	**hättest** dich gefreut	werdest dich freuen
er **habe** sich gefreut	**hätte** sich gefreut	werde sich freuen
wir **haben** uns gefreut	**hätten** uns gefreut	werden uns freuen
ihr **habet** euch gefreut	**hättet** euch gefreut	werdet euch freuen
sie **haben** sich gefreut	**hätten** sich gefreut	werden sich freuen
	selten: würde mich gefreut haben usw.	

Konjunktiv der indirekten Rede

Man sagt,

Gegenwart

Konj. I	bzw.	Konj. II	bzw.	würde + Infinitiv
ich freue mich*		freute mich*		würde mich freuen
du freuest dich		freutest dich*		würdest dich freuen
usw. wie „lieben"				

Zukunft und **Vergangenheit** wie „lieben"

reden
(Verben auf -den und -ten)

Aktiv • Einfache Zeiten

Indikativ		Konjunktiv	
Präsens	**Präteritum**	**Konj. I** **(Konj. Präs.)**	**Konj. II** **(Konj. Prät.)**
ich rede *arbeite*	redete	rede	redete/würde reden
du redest	redetest	redest	redetest/würdest reden
er redet	redete	**rede**	redete/würde reden
wir reden	redeten	reden	redeten/würden reden
ihr redet	redetet	redet	redetet/würdet reden
sie reden	redeten	reden	redeten/würden reden

Imperativ

—

rede!

—

reden wir!/lasst uns reden!
redet!/reden Sie!

—

Infinitiv Präsens: reden   **Infinitiv Perfekt:** geredet haben
Partizip Präsens: redend   **Partizip Perfekt:** geredet

Zusammengesetzte Zeiten

Aktiv
Perfekt   ich habe geredet usw. wie „lieben"

Passiv (nur unpersönlich)
Präsens   es wird geredet

Konjunktiv der indirekten Rede
Gegenwart
Man sagt, ich rede*/redete*/würde reden
Man sagt, du redest*/redetest*/würdest reden
Man sagt, er rede/redete*/würde reden
        usw. wie „lieben"

reisen

(Verben auf -sen, -ssen, -ßen, -xen, -zen, -tzen, -cksen, -chsen)

Aktiv • Einfache Zeiten

Indikativ		Konjunktiv	
Präsens	**Präteritum**	**Konj. I** **(Konj. Präs.)**	**Konj. II** **(Konj. Prät.)**
ich reise	reiste	reise	reiste/würde reisen
du reist	reistest	reisest	reistest/würdest reisen
er reist	reiste	reise	reiste/würde reisen
wir reisen	reisten	reisen	reisten/würden reisen
ihr reist	reistet	reiset	reistet/würdet reisen
sie reisen	reisten	reisen	reisten/würden reisen

Imperativ

—

reise!

—

reisen wir!/lasst uns reisen!
reist!/reisen Sie!

—

Infinitiv Präsens: reisen   **Infinitiv Perfekt:** gereist sein
Partizip Präsens: reisend   **Partizip Perfekt:** gereist

Zusammengesetzte Zeiten

Aktiv
Perfekt   ich bin gereist usw. wie „erwachen"

Passiv (nur unpersönlich)
Präsens   es wird gereist

Konjunktiv der indirekten Rede

Gegenwart

Man sagt, ich reise*/reiste*/würde reisen
Man sagt, du reisest/reistest*/würdest reisen
Man sagt, er reise/reiste*/würde reisen
          usw. wie „lieben"

handeln (Verben auf -eln)

Aktiv • Einfache Zeiten

Indikativ		Konjunktiv	
Präsens	**Präteritum**	**Konj. I** **(Konj. Präs.)**	**Konj. II** **(Konj. Prät. oder** **würde + Inf.)**
ich handle (handele)	handelte	handle	handelte
du handelst	handeltest	handlest	handeltest
er handelt	handelte	handle	handelte
wir handeln	handelten	(handlen)	handelten
ihr handelt	handeltet	(handlet)	handeltet
sie handeln	handelten	(handlen)	handelten

Imperativ

—

handle!

—

handeln wir!/lasst uns handeln!
handelt!/handeln Sie!

—

Infinitiv Präsens: handeln   **Infinitiv Perfekt:** gehandelt haben
Partizip Präsens: handelnd   **Partizip Perfekt:** gehandelt

Zusammengesetzte Zeiten

Aktiv
Perfekt   ich habe gehandelt usw. wie „lieben"

Passiv
Präsens   ich werde gehandelt usw. wie „lieben"

Konjunktiv der indirekten Rede
Gegenwart
Man sagt, ich handle*/handelte*/würde handeln
usw. wie „lieben"

wandern (Verben auf -ern)

Aktiv • Einfache Zeiten

Indikativ		Konjunktiv	
Präsens	**Präteritum**	**Konj. I** **(Konj. Präs.)**	**Konj. II** **(Konj. Prät. oder** **würde + Inf.)**
ich wandere (wandre)	wanderte	wandre	wanderte
du wanderst	wandertest	wandrest	wandertest
er wandert	wanderte	wandre	wanderte
wir wandern	wanderten	(wandren)	wanderten
ihr wandert	wandertet	(wandret)	wandertet
sie wandern	wanderten	(wandren)	wanderten

Imperativ

—

wandre!

—

wandern wir!/lasst uns wandern!
wandert!/wandern Sie!

—

Infinitiv Präsens: wandern   **Infinitiv Perfekt:** gewandert sein
Partizip Präsens: wandernd   **Partizip Perfekt:** gewandert

Zusammengesetzte Zeiten

Aktiv
Perfekt   ich bin gewandert usw. wie „erwachen"

Passiv (nur unpersönlich)
Präsens   es wird gewandert usw. wie „erwachen"

Konjunktiv der indirekten Rede
Gegenwart
Man sagt, ich wandre/wanderte*/würde wandern
usw. wie „erwachen"

rechnen (Verben auf -nen u. einige auf -men)

Aktiv • Einfache Zeiten

Indikativ		Konjunktiv	
Präsens	**Präteritum**	**Konj. I** (Konj. Präs.)	**Konj. II** (Konj. Prät. oder würde + Inf.)
ich rechne	rechnete	rechne	rechnete
du rechnest	rechnetest	rechnest	rechnetest
er rechnet	rechnete	rechne	rechnete
wir rechnen	rechneten	rechnen	rechneten
ihr rechnet	rechnetet	rechnet	rechnetet
sie rechnen	rechneten	rechnen	rechneten

Imperativ

—

rechne!
rechnen wir!/lasst uns rechnen!

—

rechnet!/rechnen Sie!

—

Infinitiv Präsens: rechnen **Infinitiv Perfekt:** gerechnet haben
Partizip Präsens: rechnend **Partizip Perfekt:** gerechnet

Zusammengesetzte Zeiten

Aktiv
Perfekt ich habe gerechnet usw. wie „lieben"

Passiv
Präsens es wird gerechnet usw. wie „lieben"

Konjunktiv der indirekten Rede

Gegenwart

Man sagt, ich rechne*/rechnete*/würde rechnen
Man sagt, du rechnest*/rechnetest*/würdest rechnen
Man sagt, er rechne/rechnete*/würde rechnen
        usw. wie „lieben"

studieren (Verben auf -ieren)

Aktiv • Einfache Zeiten

Indikativ		Konjunktiv	
Präsens	**Präteritum**	**Konj. I** **(Konj. Präs.)**	**Konj. II** **(Konj. Prät. oder** **würde + Inf.)**
ich studiere	studierte	studiere	studierte
du studierst	studiertest	studierest	studiertest
er studiert	studierte	studiere	studierte
wir studieren	studierten	studieren	studierten
ihr studiert	studiertet	studieret	studiertet
sie studieren	studierten	studieren	studierten

Imperativ

—

studier**e**!

—

studier**en wir!**/**lasst uns** studieren!
studiert!/studier**en Sie**!

—

Infinitiv Präsens: studier**en**   **Inf. Perfekt:** studiert haben **(kein „ge"-!)**
Partizip Präsens: studier**end**   **Partizip Perfekt:** studiert **(kein „ge"-!)**

Zusammengesetzte Zeiten

Aktiv
Perfekt   ich habe **studiert** usw. wie „lieben"

Passiv
Präsens   es wird **studiert** usw. wie „lieben"

rufen (u-i-u)

Aktiv • 1-2-1 • Einfache Zeiten

Indikativ

Präsens	Präteritum
ich rufe	rief
du rufst	riefst
er ruft	rief
wir rufen	riefen
ihr ruft	rieft
sie rufen	riefen

Konjunktiv

Konj. I (Konj. Präs.)	Konj. II (Konj. Prät.)
rufe	riefe/würde rufen
rufest	riefest/würdest rufen
rufe	riefe/würde rufen
rufen	riefen/würden rufen
rufet	riefet/würdet rufen
rufen	riefen/würden rufen

Imperativ

—

rufe!/ruf!

—

rufen wir!/lasst uns rufen!
ruft!/rufen Sie!

—

Infinitiv Präsens: rufen   **Infinitiv Perfekt:** gerufen haben
Partizip Präsens: rufend   **Partizip Perfekt:** gerufen
Verben mit unbetontem Präfix kein „ge-" im Partizip Perfekt:
be'rufen, ver'boten, durch'laufen

Zusammengesetzte Zeiten

Indikativ

Perfekt	Plusquampf.	Futur I	Futur II
ich habe gerufen	hatte gerufen	werde rufen	werde gerufen haben
du hast gerufen	hattest gerufen	wirst rufen	wirst gerufen haben
er hat gerufen	hatte gerufen	wird rufen	wird gerufen haben
wir haben gerufen	hatten gerufen	werden rufen	werden gerufen haben
ihr habt gerufen	hattet gerufen	werdet rufen	werdet gerufen haben
sie haben gerufen	hatten gerufen	werden rufen	werden gerufen haben

Konjunktiv

Vergangenheit Konj. I	Vergangenheit Konj. II	Futur
ich habe gerufen	hätte gerufen/würde gerufen haben	werde rufen
du habest gerufen	hättest gerufen/würdest gerufen haben	werdest rufen
er habe gerufen	hätte gerufen/würde gerufen haben	werde rufen
wir haben gerufen	hätten gerufen/würden gerufen haben	werden rufen
ihr habet gerufen	hättet gerufen/würdet gerufen haben	werdet rufen
sie haben gerufen	hätten gerufen/würden gerufen haben	werden rufen

gerufen werden

Passiv

Indikativ

Präsens

ich werde gerufen
du wirst gerufen
er wird gerufen
wir werden gerufen
ihr werdet gerufen
sie werden gerufen

Perfekt

ich bin gerufen worden
du bist gerufen worden
er ist gerufen worden
wir sind gerufen worden
ihr seid gerufen worden
sie sind gerufen worden

Futur I

ich werde gerufen werden
du wirst gerufen werden
er wird gerufen werden
wir werden gerufen werden
ihr werdet gerufen werden
sie werden gerufen werden

Präteritum

wurde gerufen
wurdest gerufen
wurde gerufen
wurden gerufen
wurdet gerufen
wurden gerufen

Plusquamperfekt

war gerufen worden
warst gerufen worden
war gerufen worden
waren gerufen worden
wart gerufen worden
waren gerufen worden

Futur II

werde gerufen worden sein
wirst gerufen worden sein
wird gerufen worden sein
werden gerufen worden sein
werdet gerufen worden sein
werden gerufen worden sein

Starke Verben

Imperativ

—
—
—
—
—

Infinitiv Präsens: gerufen **werden**   **Inf. Perfekt:** gerufen **worden sein**
Partizip Modalpartizip: zu rufend   **Partizip Perfekt:** gerufen

Konjunktiv (Passiv)

Konj. I (Konj. Präs.)

ich werde gerufen
du werdest gerufen
er werde gerufen
wir werden gerufen
ihr werdet gerufen
sie werden gerufen

Konj. II (Konj. Prät.)

würde gerufen
würdest gerufen
würde gerufen
würden gerufen
würdet gerufen
würden gerufen

Vergangenheit Konj. I

ich sei gerufen worden
du seiest gerufen worden
er sei gerufen worden
wir seien gerufen worden
ihr seiet gerufen worden
sie seien gerufen worden

Vergangenheit Konj. II

wäre gerufen worden
wärest gerufen worden
wäre gerufen worden
wären gerufen worden
wäret gerufen worden
wären gerufen worden

Futur Konj. I

ich werde gerufen werden
du werdest gerufen werden
er werde gerufen werden
wir werden gerufen werden
ihr werdet gerufen werden
sie werden gerufen werden

Futur Konj. II

würde gerufen werden
würdest gerufen werden
würde gerufen werden
würden gerufen werden
würdet gerufen werden
würden gerufen werden

Starke Verben

gerufen sein

Zustandspassiv

Indikativ

Präsens

ich bin gerufen
du bist gerufen
er ist gerufen
wir sind gerufen
ihr seid gerufen
sie sind gerufen

Präteritum

war gerufen
warst gerufen
war gerufen
waren gerufen
wart gerufen
waren gerufen

Perfekt ich bin gerufen gewesen
Plusquamperfekt ich war gerufen gewesen
Futur I ich werde gerufen sein
usw. wie „geliebt sein"

Infinitiv: gerufen sein **Partizip Perfekt:** gerufen

Konjunktiv

Konj. I (Konj. Präs.)

ich sei gerufen
du seiest gerufen
er sei gerufen
wir seien gerufen
ihr seiet gerufen
sie seien gerufen

Konj. II (Konj. Prät.)

wäre gerufen
wärest gerufen
wäre gerufen
wären gerufen
wäret gerufen
wären gerufen

Vergangenh. Konj. I ich sei gerufen gewesen usw.
Vergangenh. Konj. II ich wäre gerufen gewesen usw.

Futur Konj. I

ich werde gerufen sein
du werdest gerufen sein
usw.

Futur Konj. II

würde gerufen sein
würdest gerufen sein
usw.

Starke Verben

Konjunktiv der indirekten Rede

Man sagt,

Aktiv

Gegenwart

Konj. I	bzw.	Konj. II	bzw.	würde + Infinitiv
ich rufe*		riefe		würde rufen
du rufest		riefest		würdest rufen
er rufe		riefe		würde rufen
wir rufen*		riefen*		würden rufen
ihr rufet		riefet		würdet rufen
sie rufen*		riefen*		würden rufen

Zukunft

Konj. I	bzw.	würde + Infinitiv
ich werde rufen*		würde rufen
du werdest rufen		würdest rufen
er werde rufen		würde rufen
wir werden rufen*		würden rufen
ihr werdet rufen*		würdet rufen
sie werden rufen*		würden rufen

Vergangenheit

Konj. I	bzw.	Konj. II
ich habe gerufen*		hätte gerufen
du habest gerufen		hättest gerufen
er habe gerufen		hätte gerufen
wir haben gerufen*		hätten gerufen
ihr habet gerufen		hättet gerufen
sie haben gerufen*		hätten gerufen

Passiv

Gegenwart/Zukunft

Konj. I	bzw.	würde + Infinitiv
ich werde gerufen*		würde gerufen
du werdest gerufen		würdest gerufen
er werde gerufen		würde gerufen
wir werden gerufen*		würden gerufen
ihr werdet gerufen*		würdet gerufen
sie werden gerufen*		würden gerufen

Vergangenheit

Konj. I	oft	Konj. II
ich sei gerufen worden		wäre gerufen worden
usw.		usw.

Starke Verben

28

'an|rufen (u-i-u)

Aktiv • Einfache Zeiten

Indikativ		Konjunktiv	
Präsens	**Präteritum**	**Konj. I** **(Konj. Präs.)**	**Konj. II** **(Konj. Prät.)**
ich rufe an	rief an	rufe an	riefe an/würde anrufen
du rufst an	riefst an	rufest an	riefest an/würdest anrufen
er ruft an	rief an	rufe an	riefe an/würde anrufen
wir rufen an	riefen an	rufen an	riefen an/würden anrufen
ihr ruft an	rieft an	rufet an	riefet an/würdet anrufen
sie rufen an	riefen an	rufen an	riefen an/würden anrufen

Starke Verben

Imperativ

—

rufe an!/ruf an!

—

rufen wir an!/**lasst uns** anrufen!
ruft an!/**rufen Sie** an!

—

Infinitiv Präsens: anrufen   **Infinitiv Perfekt:** angerufen haben
Partizip Präsens: anrufend   **Partizip Perfekt:** angerufen

Zusammengesetzte Zeiten

Indikativ

Perfekt	ich habe angerufen
Plusquamperfekt	ich hatte angerufen
Futur I	ich werde anrufen
Futur II	ich werde angerufen haben
	usw. wie „rufen"

Konjunktiv

Konj. I	ich habe angerufen
Konj. II	ich hätte angerufen
	ich würde angerufen haben
Futur	ich werde anrufen
	usw. wie „rufen"

Passiv

Indikativ

Präsens	ich werde angerufen
Präteritum	ich wurde angerufen
Perfekt	ich bin angerufen worden
Plusquamperfekt	ich war angerufen worden
Futur I	ich werde angerufen werden
Futur II	ich werde angerufen worden sein
	usw. wie „gerufen werden"

Konjunktiv

Konj. I (Konj. Präs.)	ich werde angerufen
Konj. II (Konj. Prät.)	ich würde angerufen
Vergangenh. Konj. I	ich sei angerufen worden
Vergangenh. Konj. II	ich wäre angerufen worden
Futur Konj. I	ich werde angerufen werden
Futur Konj. II	ich würde angerufen werden
	usw. wie „gerufen werden"

nehmen (e-a-o)
(mit Umlaut im Konjunktiv Präteritum)

Aktiv • Einfache Zeiten

Indikativ		Konjunktiv	
Präsens	**Präteritum**	**Konj. I** (Konj. Präs.)	**Konj. II** (Konj. Prät.)
ich nehme	nahm	nehme	nähme
du nimmst	nahmst	nehmest	nähmest
er nimmt	nahm	nehme	nähme
wir nehmen	nahmen	nehmen	nähmen
ihr nehmt	nahmt	nehmet	nähmet
sie nehmen	nahmen	nehmen	nähmen

Imperativ

—

nimm!

—

nehmen wir!/lasst uns nehmen!
nehmt!/nehmen Sie!

—

Infinitiv Präsens: nehmen   **Infinitiv Perfekt:** genommen haben
Partizip Präsens: nehmend   **Partizip Perfekt:** genommen

Zusammengesetzte Zeiten

Indikativ

Perfekt	Plusquamperfekt
ich habe genommen	hatte genommen
du hast genommen	hattest genommen
er hat genommen	hatte genommen
wir haben genommen	hatten genommen
ihr habt genommen	hattet genommen
sie haben genommen	hatten genommen

Futur I	Futur II
ich werde nehmen	werde genommen haben
du wirst nehmen	wirst genommen haben
er wird nehmen	wird genommen haben
wir werden nehmen	werden genommen haben
ihr werdet nehmen	werdet genommen haben
sie werden nehmen	werden genommen haben

Starke Verben

Konjunktiv

Vergangenheit Konj. I	Vergangenheit Konj. II	Futur
ich **habe** genommen	**hätte** genommen	werde nehmen
du **habest** genommen	**hättest** genommen	werdest nehmen
er **habe** genommen	**hätte** genommen	werde nehmen
wir **haben** genommen	**hätten** genommen	werden nehmen
ihr **habet** genommen	**hättet** genommen	werdet nehmen
sie **haben** genommen	**hätten** genommen	werden nehmen

selten: würde genommen haben usw.

Starke Verben

genommen werden

Passiv

Indikativ

Präsens	ich werde genommen
Präteritum	ich wurde genommen
Perfekt	ich bin genommen worden
Plusquamperfekt	ich war genommen worden
Futur I	ich werde genommen werden
Futur II	ich werde genommen worden sein
	usw. wie „geliebt werden"

Imperativ

(werde) **sei** genommen!
(werden wir) **seien wir** genommen!
(werdet) **seid** genommen!
(werden Sie) **seien** Sie genommen!

Infinitiv Präsens: genommen **werden**   **Perfekt:** genommen **worden sein**
Partizip Modalpartizip: zu nehm**end**   **Partizip Perfekt:** genommen

Konjunktiv

Präsens	ich werde genommen
Präteritum	ich würde genommen
Perfekt	ich sei genommen worden
Plusquamperfekt	ich wäre genommen worden
Futur I	ich werde genommen werden
Futur II	ich würde genommen werden
	usw. wie „geliebt werden"

Zustandspassiv

Infinitiv: genommen sein   **Partizip Perfekt:** genommen

Indikativ

Präsens	ich bin genommen
Präteritum	ich war genommen
Perfekt	ich bin genommen gewesen
Plusquampf.	ich war genommen gewesen
Futur I	ich werde genommen sein
	usw. wie „geliebt sein"

Konjunktiv

sei genommen
wäre genommen
sei genommen gewesen
wäre genommen gewesen
würde genommen sein

Konjunktiv der indirekten Rede

Man sagt,

Aktiv

Gegenwart

Konj. I	Konj. II	oft	würde + Infinitiv
ich nehme*	nähme		würde nehmen
du nehmest	nähmest		würdest nehmen
er nehme	nähme		würde nehmen
wir nehmen*	nähmen		würden nehmen
ihr nehmet	nähmet		würdet nehmen
sie nehmen*	nähmen		würden nehmen

Zukunft und Vergangenheit wie „lieben"

Passiv

wie „geliebt werden"

sein

Aktiv • Einfache Zeiten

Indikativ		Konjunktiv	
Präsens	**Präteritum**	**Konj. I** **(Konj. Präs.)**	**Konj. II** **(Konj. Prät.)**
ich bin	war	sei	wäre
du bist	warst	sei(e)st	wärest
er ist	war	sei	wäre
wir sind	waren	seien	wären
ihr seid	wart	seiet	wäret
sie sind	waren	seien	wären
			selten: würde sein usw.

Imperativ

—

sei!

—

seien wir!/lasst uns sein!
seid!/seien Sie!

—

Infinitiv Präsens: sein   **Infinitiv Perfekt:** gewesen sein
Partizip Präsens: seiend   **Partizip Perfekt:** gewesen

Zusammengesetzte Zeiten

Indikativ

Perfekt	**Plusquampf.**	**Futur I**	**Futur II**
ich bin gewesen	war gewesen	werde sein	werde gewesen sein
du bist gewesen	warst gewesen	wirst sein	wirst gewesen sein
er ist gewesen	war gewesen	wird sein	wird gewesen sein
wir sind gewesen	waren gewesen	werden sein	werden gewesen sein
ihr seid gewesen	wart gewesen	werdet sein	werdet gewesen sein
sie sind gewesen	waren gewesen	werden sein	werden gewesen sein

Konjunktiv

Vergangenheit **Konj. I**	**Vergangenheit** **Konj. II**	**Futur**
ich sei gewesen	wäre gewesen	werde sein
du seiest gewesen	wärest gewesen	werdest sein
er sei gewesen	wäre gewesen	werde sein
wir seien gewesen	wären gewesen	werden sein
ihr seiet gewesen	wäret gewesen	werdet sein
sie seien gewesen	wären gewesen	werden sein
	selten: würde gewesen sein usw.	

Hilfsverben

Konjunktiv der indirekten Rede
Man sagt,

Gegenwart			Vergangenheit		
Konj. I	oft	**Konj. II**	**Konj. I**	oft	**Konj. II**
ich sei		wäre	sei gewesen		wäre gewesen
du seiest		wärest	seiest gewesen		wärest gewesen
er sei		wäre	sei gewesen		wäre gewesen
wir seien		wären	seien gewesen		wären gewesen
ihr seiet		wäret	seiet gewesen		wäret gewesen
sie seien		wären	seien gewesen		wären gewesen

Zukunft

wie „lieben"

haben

Aktiv • Einfache Zeiten

Indikativ

Präsens	Präteritum
ich habe	hatte
du hast	hattest
er hat	hatte
wir haben	hatten
ihr habt	hattet
sie haben	hatten

Konjunktiv

Konj. I (Konj. Präs.)	Konj. II (Konj. Prät.)
habe	hätte
habest	hättest
habe	hätte
haben	hätten
habet	hättet
haben	hätten
	selten: würde haben usw.

Imperativ

—
habe!/hab!
haben wir/lasst uns haben!

—
habt!/haben Sie!

—

Infinitiv Präsens: haben **Infinitiv Perfekt:** gehabt haben
Partizip Präsens: habend **Partizip Perfekt:** gehabt

Zusammengesetzte Zeiten

Indikativ

Perfekt	Plusquampf.	Futur I	Futur II
ich habe gehabt	hatte gehabt	werde haben	werde gehabt haben
du hast gehabt	hattest gehabt	wirst haben	wirst gehabt haben
er hat gehabt	hatte gehabt	wird haben	wird gehabt haben
wir haben gehabt	hatten gehabt	werden haben	werden gehabt haben
ihr habt gehabt	hattet gehabt	werdet haben	werdet gehabt haben
sie haben gehabt	hatten gehabt	werden haben	werden gehabt haben

Konjunktiv

Vergangenheit Konj. I	Vergangenheit Konj. II	Futur
ich habe gehabt	hätte gehabt	werde haben
du habest gehabt	hättest gehabt	werdest haben
er habe gehabt	hätte gehabt	werde haben
wir haben gehabt	hätten gehabt	werden haben
ihr habet gehabt	hättet gehabt	werdet haben
sie haben gehabt	hätten gehabt	werden haben
	selten: würde gehabt haben usw.	

Hilfsverben

Konjunktiv der indirekten Rede
Man sagt,

Gegenwart		Vergangenheit	
Konj. I bzw. **Konj. II**		**Konj. I** bzw. **Konj. II**	
ich habe*	hätte	habe gehabt*	hätte gehabt
du habest	hättest	habest gehabt	hättest gehabt
er habe	hätte	habe gehabt	hätte gehabt
wir haben*	hätten	haben gehabt*	hätten gehabt
ihr habet	hättet	habet gehabt	hättet gehabt
sie haben*	hätten	haben gehabt*	hätten gehabt

Zukunft
wie „lieben"

v/ausx = will   **werden**   *become get grow, turn...*

Aktiv • Einfache Zeiten

Indikativ

Präsens	Präteritum
ich werde	wurde
du wirst	wurdest (poet. wardst)
er wird	wurde (poet. ward)
wir werden	wurden
ihr werdet	wurdet
sie werden	wurden

Konjunktiv

Konj. I (Konj. Präs.)	Konj. II (Konj. Prät.)
werde	würde
werdest	würdest
werde	würde
werden	würden
werdet	würdet
werden	würden

Imperativ

—

werde!

—

werden wir!/lasst uns werden!
werdet!/werden Sie!

—

Infinitiv Präsens: werden   **Infinitiv Perfekt:** geworden sein
Partizip Präsens: werdend   **Partizip Perfekt:** geworden

Hilfsverben

Zusammengesetzte Zeiten

Indikativ

Perfekt	Plusquampf.	Futur I	Futur II
ich bin geworden	war geworden	werde werden	werde geworden sein
du bist geworden	warst geworden	wirst werden	wirst geworden sein
er ist geworden	war geworden	wird werden	wird geworden sein
wir sind geworden	waren geworden	werden werden	werden geworden sein
ihr seid geworden	wart geworden	werdet werden	werdet geworden sein
sie sind geworden	waren geworden	werden werden	werden geworden sein

Konjunktiv

Vergangenheit Konj. I	Vergangenheit Konj. II	Futur
ich sei geworden	wäre geworden	werde werden
du seiest geworden	wärest geworden	werdest werden
er sei geworden	wäre geworden	werde werden
wir seien geworden	wären geworden	werden werden
ihr seiet geworden	wäret geworden	werdet werden
sie seien geworden	wären geworden	werden werden

Konjunktiv der indirekten Rede
Man sagt,

Gegenwart			Vergangenheit		
Konj. I	bzw.	**Konj. II**	**Konj. I**	oft	**Konj. II**
ich werde*		würde	sei geworden		wäre geworden
du werd**est**		würdest	seiest geworden		wärest geworden
er werd**e**		würde	sei geworden		wäre geworden
wir werden*		würden	seien geworden		wären geworden
ihr werdet*		würdet	seiet geworden		wäret geworden
sie werden*		würden	seien geworden		wären geworden

Zukunft

wie „lieben"

möchten – Subjunctive: *If I were to*
If I would like to

möchte
möchtest
möchte
möchten
möchtet
möchten

wollen   sollen   müssen   können   dürfen   mögen

(handwritten annotations above headings: want to — ought to — must — can — permission — like to)

Indikativ — Präsens

ich will	soll	muss	kann	darf	mag
du willst	sollst	musst	kannst	darfst	magst
er will	soll	muss	kann	darf	mag
wir wollen	sollen	müssen	können	dürfen	mögen
ihr wollt	sollt	müsst	könnt	dürft	mögt
sie wollen	sollen	müssen	können	dürfen	mögen

Konjunktiv I

ich wolle	solle	müsse	könne	dürfe	möge
du wollest	sollest	müssest	könnest	dürfest	mögest
er wolle	solle	müsse	könne	dürfe	möge
wir wollen	sollen	müssen	können	dürfen	mögen
ihr wollet	sollet	müsset	könnet	dürfet	möget
sie wollen	sollen	müssen	können	dürfen	mögen

Indikativ — Präteritum

ich wollte	sollte	musste	konnte	durfte	mochte
du wolltest	solltest	musstest	konntest	durftest	mochtest
er wollte	sollte	musste	konnte	durfte	mochte
wir wollten	sollten	mussten	konnten	durften	mochten
ihr wolltet	solltet	musstet	konntet	durftet	mochtet
sie wollten	sollten	mussten	konnten	durften	mochten

Konjunktiv II

ich wollte	sollte	müsste	könnte	dürfte	möchte
du wolltest	solltest	müsstest	könntest	dürftest	möchtest
er wollte	sollte	müsste	könnte	dürfte	möchte
wir wollten	sollten	müssten	könnten	dürften	möchten
ihr wolltet	solltet	müsstet	könntet	dürftet	möchtet
sie wollten	sollten	müssten	könnten	dürften	möchten

Imperativ nicht gebräuchlich; nur von **mögen** wird ein Imperativ mit den Formen des Konj. I gebildet:

mögest du (möget ihr, mögen Sie) z. B. gesund bleiben

Infinitiv		Partizip	
Präsens	Perfekt	Präsens	Perfekt
wollen	gewollt haben	wollend	gewollt
sollen	gesollt haben	sollend	gesollt
müssen	gemusst haben	müssend	gemusst
können	gekonnt haben	könnend	gekonnt
dürfen	gedurft haben	dürfend	gedurft
mögen	gemocht haben	mögend	gemocht

Zusammengesetzte Zeiten

als selbständige Verben	mit einem anderen Verb im Infinitiv

Perfekt

ich habe [es] gewollt	ich habe [lesen] wollen
ich habe [es] gesollt	ich habe [lesen] sollen
ich habe [es] gemusst	ich habe [lesen] müssen
ich habe [es] gekonnt	ich habe [lesen] können
ich habe [es] gedurft	ich habe [lesen] dürfen
ich habe [es] gemocht	ich habe [lesen] mögen

Plusquamperfekt

ich hatte [es] gewollt	ich hatte [lesen] wollen
ich hatte [es] gesollt	ich hatte [lesen] sollen
ich hatte [es] gemusst	ich hatte [lesen] müssen
ich hatte [es] gekonnt	ich hatte [lesen] können
ich hatte [es] gedurft	ich hatte [lesen] dürfen
ich hatte [es] gemocht	ich hatte [lesen] mögen

Futur I

ich werde [es] wollen	ich werde [lesen] wollen
—	ich werde [lesen] sollen
ich werde [es] müssen	ich werde [lesen] müssen
ich werde [es] können	ich werde [lesen] können
ich werde [es] dürfen	ich werde [lesen] dürfen
ich werde [es] mögen	—

Futur II

ich werde [es] gewollt haben	ich werde haben [lesen] wollen
ich werde [es] gesollt haben	—
—	ich werde haben [lesen] müssen
ich werde [es] gekonnt haben	ich werde haben [lesen] können
ich werde [es] gedurft haben	ich werde haben [lesen] dürfen
ich werde [es] gemocht haben	ich werde haben [lesen] mögen

Konj. II (würde + Inf.) (selten)

ich würde [es] wollen	ich würde [lesen] wollen
—	—
ich würde [es] müssen	ich würde [lesen] müssen
ich würde [es] können	ich würde [lesen] können
ich würde [es] dürfen	ich würde [lesen] dürfen
ich würde [es] mögen	ich würde [lesen] mögen

Konj. II Vergangenheit

ich hätte [es] gewollt	ich hätte [lesen] wollen
—	—
ich hätte [es] gemusst	ich hätte [lesen] müssen
ich hätte [es] gekonnt	ich hätte [lesen] können
ich hätte [es] gedurft	ich hätte [lesen] dürfen
ich hätte [es] gemocht	ich hätte [lesen] mögen

Ablautreihen

Nach den Vokalen in drei Verbformen unterscheidet man drei Gruppen:

Präsens	**Präteritum**	**Partizip**	

a) drei verschiedene Vokale:

nehmen	nahm	genommen	1-2-3

b) der Vokal im Präteritum ist gleich dem Vokal im Partizip:

bleiben	blieb	geblieben	1-2-2

c) der Vokal im Präsens ist gleich dem Vokal im Partizip:

rufen	rief	gerufen	1-2-1

Ablautreihe nach dem Muster 1-2-3

1 e (ä)		2 a		3 o
gebären	sie gebärt (gebiert)	gebar	gebäre	geboren
befehlen	er befiehlt befiehl!	befahl	(beföhle) (befähle)	befohlen
empfehlen	er empfiehlt empfiehl!	empfahl	(empföhle) (empfähle)	empfohlen
stehlen	er stiehlt stiehl!	stahl	(stöhle) (stähle)	gestohlen
nehmen	er nimmt nimm!	nahm	nähme	genommen
brechen	er bricht brich!	brach	bräche	gebrochen v/i Das Eis ist gebrochen
sprechen	er spricht sprich!	sprach	spräche	gesprochen
stechen	er sticht stich!	stach	(stäche)	gestochen
gelten	er gilt	galt	(gölte) (gälte)	gegolten
schelten	er schilt schilt!	schalt	(schölte)	gescholten
verderben	er verdirbt verdirb!	verdarb	(verdürbe)	verdorben v/i ist verdorben
werben	er wirbt wirb!	warb	(würbe)	geworben
sterben	er stirbt stirb!	starb	(stürbe)	ist gestorben
helfen	er hilft hilf!	half	(hülfe) (hälfe)	geholfen
treffen	er trifft triff!	traf	träfe	getroffen

1-2-3

bergen	er birgt birg!	barg	bärge	geborgen
bersten	er birst, du birst birst!	barst barstest	(bärste)	ist geborsten
erschrecken	er erschrickt erschrick!	erschrak	erschräke	ist er- schrocken
werfen	er wirft wirf!	warf	würfe	geworfen

ä		i		a
hängen	er hängt häng(e)!	hing		gehangen

e		i		a
gehen	er geht geh(e)!	ging	ginge	gegangen

i		a		o
beginnen	er beginnt beginn(e)!	begann	begönne (begänne)	begonnen
gewinnen	er gewinnt gewinn(e)!	gewann	gewönne (gewänne)	gewonnen
rinnen	er rinnt rinn(e)!	rann	ränne (rönne)	ist geronnen
sinnen	er sinnt sinn(e)!	sann	(sänne) (sönne)	gesonnen
spinnen	er spinnt spinn(e)!	spann	(spönne) (spänne)	gesponnen
schwimmen	er schwimmt schwimm(e)!	schwamm	schwömme (schwämme)	hat, ist geschwommen

i		a		u
binden	er bindet bind(e)!	band bandest	bände	gebunden
finden	er findet find(e)!	fand fandest	fände fändest	gefunden
winden	er windet winde!	wand wandest	(wände)	gewunden
schwinden	er schwindet schwind(e)!	schwand schwand(e)st	schwände schwändest	ist ge- schwunden
dringen	er dringt dring(e)!	drang	dränge	gedrungen v/i ist ge- drungen
dingen	er dingt ding(e)!	(dang) dingte	(dänge) dingte	gedungen (gedingt)
gelingen	es gelingt geling(e)!	gelang	gelänge	ist gelungen
klingen	es klingt kling(e)!	klang	klänge	geklungen

misslingen	es misslingt	misslang	misslänge	ist misslungen
ringen	er ringt ring(e)!	rang	(ränge)	gerungen
singen	er singt sing(e)!	sang	sänge	gesungen
springen	er springt spring(e)!	sprang	spränge	ist gesprungen
schlingen	er schlingt schling(e)!	schlang	(schlänge)	geschlungen
schwingen	er schwingt schwing(e)!	schwang	(schwänge)	geschwungen
sinken	er sinkt sink(e)!	sank	sänke	ist gesunken
stinken	er stinkt stink(e)!	stank	(stänke)	gestunken
trinken	er trinkt trink(e)!	trank	tränke	getrunken
wringen	er wringt wring(e)!	wrang	(wränge)	gewrungen
zwingen	er zwingt zwing(e)!	zwang	zwänge	gezwungen

i		a		e
bitten	er bittet bitte!	bat	bäte	gebeten
sitzen	er sitzt du sitzt (sitzest) sitz(e)!	saß saßest	säße	gesessen [ɛ]

ie		a		e
liegen	er liegt lieg(e)!	lag	läge	gelegen

Ablautreihe 1-2-2

ä		o		o
gären	er gärt	gor (gärte)	(göre) (gärte)	hat od. ist gegoren
erwägen	er erwägt erwäg(e)!	erwog	(erwöge)	erwogen

au		o		o
saufen	er säuft sauf(e)!	soff	(söffe)	gesoffen
saugen	er saugt saug(e)!	sog (saugte)	(söge)	gesogen (gesaugt)

schnauben	er schnaubt schnaub(e)!	schnaubte (schnob)	schnaubte	geschnaubt (geschnoben [oː])
e stehen	er steht steh(e)!	a stand	stünde, stände	a gestanden
e bewegen	er bewegt beweg(e)!	o bewog	bewöge	o bewogen
pflegen	er pflegt pfleg(e)!	(pflog) pflegte	(pflöge) pflegte	(gepflogen) gepflegt
scheren	er schert scher(e)!	schor (scherte)	schöre (scherte)	geschoren (geschert)
heben	er hebt heb(e)!	hob	(höbe)	gehoben
weben	er webt web(e)!	webte fig. wob	webte fig. (wöbe)	gewebt fig. gewoben
e dreschen	er drischt du drischst drisch!	o drosch (drasch)	(drösche)	o gedroschen
fechten	er ficht ficht!	focht du focht(e)st	(föchte)	gefochten
flechten	er flicht flicht!	flocht du flochtest	(flöchte)	geflochten
melken	er melkt melk(e)!	(molk) melkte	(mölke) melkte	gemolken (gemelkt)
quellen	er quillt quill!	quoll	(quölle)	gequollen
schmelzen	er schmilzt schmilz!	schmolz	(schmölze)	geschmolzen
schwellen	er schwillt schwill!	schwoll	(schwölle)	geschwollen
ei beißen	er beißt du beißt (beißest) beiß(e)!	i biss bissest	i bisse	gebissen
bleichen	er bleicht bleich(e)!	blich	bliche	ist geblichen
gleichen	er gleicht	glich	gliche	geglichen
gleiten	er gleitet gleit(e)!	glitt	glitte	ist geglitten
greifen	er greift greif(e)!	griff	griffe	gegriffen

kneifen	er kneift	kniff	kniffe	gekniffen
	kneif(e)!			
leiden	er leidet	litt	litte	gelitten
	du leidest	littst, littest		
	leid(e)!			
pfeifen	er pfeift	pfiff	pfiffe	gepfiffen
	pfeif(e)!			
reißen	er reißt	riss	risse	gerissen
	du reißt (reißest)	rissest		
	reiß(e)!			
reiten	er reitet	ritt	ritte	ist geritten
	du reitest	rittst,		
	reit(e)!	rittest		
scheißen	er scheißt	schiss	(schisse)	geschissen
	du scheißt	schissest		
	scheiß(e)!			
schleichen	er schleicht	schlich	schliche	ist ge-
	schleich(e)!			schlichen
schleifen	er schleift	schliff	schliffe	geschliffen
	schleif(e)!			
schleißen	er schleißt	schliss	schlisse	geschlissen
	du schleißt,	schlissest		
	schleißest			
	schleiß(e)!			
schmeißen	er schmeißt	schmiss	schmisse	geschmissen
	du schmeißt,	schmissest		
	schmeißest			
	schmeiß(e)!			
schneiden	er schneidet	schnitt	schnitte	geschnitten
	schneid(e)!			
schreiten	er schreitet	schritt	schritte	geschritten
	schreit(e)!			
spleißen	(er spleißt)	spliss	splisse	gesplissen
	(du spleißt,	splissest		
	spleißest)			
streichen	er streicht	strich	striche	gestrichen
	streich(e)!			v/i ist ge-
				strichen
streiten	er streitet	stritt	stritte	gestritten
	streit(e)!			
weichen	er weicht	wich	wiche	ist gewichen
	weich(e)!			

ei		ie		ie
bleiben	er bleibt	blieb	bliebe	geblieben
	bleib(e)!			
gedeihen	er gedeiht	gedieh	gediehe	gediehen
	gedeih(e)!			

leihen	er leiht leih(e)!	lieh	liehe	geliehen
meiden	er meidet du meidest meid(e)!	mied	miede	gemieden
		miedest, miedst		
preisen	er preist du preist (preisest) preis(e)!	pries priesest	priese	gepriesen
reiben	er reibt reib(e)!	rieb	riebe	gerieben
scheiden	er scheidet du scheidest scheid(e)!	schied schiedest (schiedst)	schiede	ist geschieden
scheinen	er scheint schein(e)!	schien	schiene	geschienen
schreien	er schreit du schreist schrei(e)!	schrie schriest schrieest	schriee	geschrie(e)n
schreiben	er schreibt schreib(e)!	schrieb	schriebe	geschrieben
schweigen	er schweigt schweig(e)!	schwieg	schwiege	geschwiegen
speien	er speit du speist spei(e)!	spie spiest spieest	spiee	gespie(e)n
steigen	er steigt steig(e)!	stieg	stiege	ist gestiegen
treiben	er treibt treib(e)!	trieb	triebe	getrieben v/i ist ge- trieben
weisen	er weist du weist (weisest) weis(e)!	wies wiesest	wiese wiesest	gewiesen
zeihen	er zeiht du zeihst zeih(e)!	zieh zieh(e)st	ziehe ziehest	geziehen

ie		o [oː]		o [oː]
biegen	er biegt bieg(e)!	bog	böge	gebogen
bieten	er bietet biet(e)!	bot	böte	geboten
(erkiesen)		erkor	(erköre)	erkoren
fliegen	er fliegt flieg(e)!	flog	flöge	ist geflogen v/i hat (mich) geflogen
fliehen	er flieht flieh(e)!	floh	(flöhe)	ist geflohen

frieren	er friert frier(e)!	fror	fröre	gefroren
schieben	er schiebt schieb(e)!	schob	schöbe	geschoben
stieben	er stiebt	stob	(stöbe)	ist od. hat gestoben
verlieren	er verliert verlier(e)!	verlor	verlöre	verloren
wiegen	er wiegt wieg(e)!	wog	wöge	gewogen
ziehen	er zieht zieh(e)!	zog	zöge	gezogen v/i ist gezogen

ie		o [ɔ]		o [ɔ]
fließen	er fließt du fließt (fließest) fließ(e)!	floss flossest	flösse	ist geflossen
genießen	er genießt du genießt, (genießest) genieß(e)!	genoss genossest	genösse	genossen
gießen	er gießt du gießt (gießest) gieß(e)!	goss gossest	gösse	gegossen
kriechen	er kriecht kriech(e)!	kroch	kröche	gekrochen
riechen	er riecht riech(e)!	roch	röche	gerochen
schießen	er schießt du schießt schieß(e)!	schoss schossest	(schösse)	geschossen v/i ist geschossen
schließen	er schließt du schließt schließ(e)!	schloss schlossest	schlösse	geschlossen
sprießen	er sprießt du sprießt sprieß(e)!	spross sprossest	(sprösse)	ist gesprossen
triefen	er trieft trief(e)!	(troff) triefte	(tröffe)	(getroffen) getrieft
verdrießen	es verdrießt mich	verdross	(verdrösse)	verdrossen
glimmen	er glimmt	glomm	(glömme)	geglommen
klimmen	er klimmt klimm(e)!	klomm	(klömme)	geklommen

i		u		u
schinden	er schindet schind(e)!	(schund) schindete	(schünde) schindete	geschunden

ie		o	o	o
sieden	er siedet	sott,	(sötte)	gesotten
	sied(e)!	siedete	siedete	

ö		o		o
erlöschen	er erlischt	erlosch	erlösche	ist erloschen
schwören	er schwört	schwor	schwüre	geschworen
	schwör(e)!			

u			a	a
tun	ich tu(e)	wir tun	tat	täte	getan
	du tust	ihr tut	du tat(e)st		
	er tut	sie tun			
	tuend	tu(e)!			

ü		o		o
lügen	er lügt	log	löge	gelogen
	lüg(e)!			
trügen	er trügt	trog	tröge	getrogen
	trüg(e)!			

Ablautreihen 1-2-1

a		i		a
blasen	er bläst	blies	bliese	geblasen
	du bläst (bläsest)	bliesest		
	blas(e)!			
braten	er brät	briet	briete	gebraten
	du brätst	briet(e)st		
	brat(e)!			
raten	er rät	riet	riete	geraten
	du rätst	riet(e)st		
	rat(e)!			
geraten	er gerät	geriet	geriete	geraten
	du gerätst	geriet(e)st		
	gerat(e)!			
schlafen	er schläft	schlief	schliefe	geschlafen
	schlaf(e)!			
fallen	er fällt	fiel	fiele	gefallen
	fall(e)!			
halten	er hält	hielt	hielte	gehalten
	du hältst	hielt(e)st		
	halt(e)!			
lassen	er lässt	ließ	ließe	gelassen
	du lässt (lässest)			
	lass! lasse!			

Infinitiv + lassen s. Modalverben (er **hat** mich kommen **lassen**)

fangen	er fängt fang(e)!	fing	finge	gefangen

a		**o**	**o**	
schallen	er schallt schall(e)!	(scholl) schallte	(schölle) schallte	(geschollen) geschallt

a		**u**		**a**
backen	er bäckt, backt back(e)!	(buk) backte	(büke) backte	gebacken
fahren	er fährt fahr(e)!	fuhr	führe	gefahren v/t **hat** (mich) gefahren
graben	er gräbt grab(e)!	grub	(grübe)	gegraben
laden	er lädt (ladet) du lädst (ladest) lad(e)!	lud lud(e)st	(lüde)	geladen
schaffen	er schafft schaff(e)!	schuf	(schüfe)	geschaffen
schlagen	er schlägt schlag(e)!	schlug	schlüge	geschlagen
tragen	er trägt trag(e)!	trug	trüge	getragen
wachsen	er wächst du wächst wachs(e)!	wuchs [u:] wuchsest	wüchse	gewachsen
waschen	er wäscht du wäschst wasch(e)!	wusch [u:] wuschest	wüsche	gewaschen

ä		**i**		**a**
hängen (hangen)	er hängt häng(e)!	hing	hinge	gehangen

au		**ie**		**au**
laufen	er läuft lauf(e)!	lief	liefe	gelaufen
hauen	er haut hau(e)!	(hieb) haute	(hiebe)	gehauen

e [ɛ]			**a**	**ä**	**e**
essen	ich esse du isst er isst iss!	wir essen ihr esst sie essen	er aß du aßest	äße	gegessen

fressen	er frisst	er fraß	fräße	gefressen
	du frisst	du fraßest		
	friss!			
messen	er misst	er maß	(mäße)	gemessen
	du misst	du maßest		
	miss!			
vergessen	er vergisst	vergaß	vergäße	vergessen
	du vergisst	vergaßest		
	vergiss!			
stecken	er steckt	(stak)	(stäke)	gesteckt
	steck(e)!	steckte	steckte	

e [eː]		a		e
geben	er gibt	gab	gäbe	gegeben
	gib!			
genesen	(er genest)	genas	(genäse)	genesen
	(du genest,			
	genesest)			
geschehen	es geschieht	geschah	geschähe	ist geschehen
sehen	er sieht	sah	sähe	gesehen
	sieh(e)!			
treten	er tritt	trat	träte	getreten
	du trittst	tratst,		
	tritt!	tratest		
lesen	er liest	las	läse	gelesen
	du liest (liesest)			
	lies!			

ei		ie		ei
heißen	er heißt	hieß	hieße	geheißen
	du heißt	hießest		
	heiß(e)!			

o		a		o
kommen	er kommt	kam	käme	gekommen
	komm(e)!			

o		ie		o
stoßen	er stößt	stieß	stieße	gestoßen
	du stößt	stießest		v/i ist ge-
	stoß(e)!			stoßen

u		ie		u
rufen	er ruft	rief	riefe	gerufen
	ruf(e)!			

Gemischte Verben – Ablautreihe 1-2-2

e		a	a	a
kennen	er kennt kenn(e)!	kannte	kennte	gekannt
brennen	er brennt brenn(e)!	brannte	brennte	gebrannt
nennen	er nennt nenn(e)!	nannte	nennte	genannt
rennen	er rennt renn(e)!	rannte	rennte	gerannt
senden	er sendet send(e)!	sandte sendete	sendete	gesandt gesendet
wenden	er wendet wende!	wandte wendete	wendete	gewendet gewandt
denken	er denkt denk(e)!	dachte	dächte	gedacht

i		a	a	a
bringen	er bringt bring(e)!	brachte	brächte	gebracht

i			u	u
wissen	ich weiß wir wissen du weißt ihr wisst er weiß sie wissen wisse!	wußte	wüßte	gewußt

Endungen wie bei den schwachen Verben, z. B.

	liebte	liebte
	liebtest	liebtest usw.
oder:		
	redete	redete usw.

53

Liste der wichtigsten Verben mit Rektion

A

aalen: sich (A) mst. in
D 16
aasen mit D 19
'ab|arbeiten A; sich
(A) ~ 18
'ab|bauen A; a. v/i 11
'ab|be**kommen** A
(P. P. 'abbekommen)
52, 31
'ab|be**rufen** A von D
(P. P. 'abberufen) 29
'ab|bestellen A
(P. P. 'abbestellt) 11
'ab|bezahlen A
(P. P. 'abbezahlt) 11
'ab|bilden A 18
'ab|blenden A 18
'ab|**brechen** A; v/i
(sein) 43, 31
'ab|**brennen** A; v/i
(sein) 53
'ab|**bringen** j-n von D
53
'ab|drehen A 11
'ab|drucken A 11
'ab|er**kennen** j-m etw.
(P. P. 'aberkannt) 53
'ab|**fahren** A; v/i (sein)
51, 31
'ab|**fallen** v/i (sein) 50,
29
'ab|**fangen** A 50, 29
'ab|fassen A 19
'ab|fertigen A 11
'ab|**fliegen** v/i (sein)
48, 31
'ab|fragen A; j-m etw.
11
'ab|führen A 11
'ab|**geben** A; sich (A)
mit D 52, 31
'ab|**gehen** v/i (sein)
44, 29
'ab|gewöhnen j-m
etw.; sich (D) etw. ~
(P. P. 'abgewöhnt)
11
'ab|gucken j-m etw.
11

'ab|**halten** A; j-n von D
50, 29
'ab|**hängen** von D; A
6; 44, 29
'ab|härten A; sich (A)
~ gegen A 18
'ab|**helfen** D 43, 31
'ab|holen A: mst. von
D 11
'ab|hören j-m etw. od.
j-n; A 11
'ab|kaufen j-m etw. 11
'ab|klappern A 21
'ab|**kommen** (sein)
von D 52, 31
'ab|kürzen A 19
'ab|**laden** A 51, 31
'ab|**lassen** A; von D
50, 29
'ab|**laufen** v/i (sein); A
51, 29
'ab|legen A 11
'ab|lehnen A 11
'ab|lenken A; j-n von D
11
'ab|leugnen A 22
'ab|liefern (j-m) etw.
21
'ab|machen A 11
'ab|melden j-n von D,
bei D; sich (A) ~ 18
'ab|**nehmen** A; j-m
etw. 31
'ab|nutzen A 19
abonnieren A 23
'ab|ordnen j-n zu D 22
'ab|**raten** j-m von D
50, 29
'ab|rechnen A; v/i 22
'ab|reisen v/i (sein) 19
'ab|**reißen** A; v/i (sein)
47, 29
'ab|rüsten v/i 18
'ab|sagen A 11
'ab|schaffen A 11
'ab|schalten A 18
'ab|schicken A 11
'ab|**schießen** A 49, 31
'ab|schirmen A gegen
A 11

'ab|**schlagen** A 51, 31
'ab|**schließen** A; sich
(A) ~ von D; gegen
A 49, 31
'ab|**schneiden** A 47,
29
'ab|**schreiben** A 48,
29
'ab|schwächen A; sich
(A) ~ 11
'ab|schweifen von D
(sein) 14
'ab|**schwellen** v/i
(sein) 46, 31
'ab|**sehen** etw. von D
52, 31
'ab|**senden** A 53
'ab|setzen A; sich (A)
~ 19
'ab|sperren A; sich (A)
~ von D 11
'ab|spielen A; sich (A)
~ 11
'ab|**sprechen** j-m etw.;
A 43, 31
'ab|stammen von D 11
'ab|**stechen** A; v/i
gegen A, von D 43,
31
'ab|**steigen** v/i (sein)
von D; in, bei D 48,
29
'ab|stellen A 11
'ab|stimmen über A 11
'ab|**stoßen** A 52, 29
'ab|**streiten** A 47, 29
'ab|stürzen v/i (sein)
19
'ab|**tragen** A 51, 31
'ab|**treiben** A; v/i
(sein) 48, 29
'ab|trennen A 11
'ab|**treten** j-m, an j-n
etw.; v/i (sein) 52,
31
'ab|trocknen A; sich
(A) ~; v/i (sein) 22
'ab|wandern v/i (sein)
21
'ab|warten A 18

'ab|waschen A 51, 31
'ab|wechseln v/i; sich
(A) ~ 20
'ab|weichen v/i (sein)
von D 47, 29
'ab|werten A 18
'ab|wickeln A 20
'ab|zahlen A 11
'ab|zeichnen A; sich
(A) ~ 22
'ab|ziehen A; v/i (sein)
49, 31
achten A; auf A 18
'acht|geben auf A 52,
31
ächzen v/i 19
addieren A 23
adressieren etw. an A
23
ahnden A 18
ähneln D 20
ahnen A 6
altern v/i (sein) 21
amüsieren j-n; sich (A)
~ über A 23
'an|bauen A 11
'an|beraumen A (P. P.
'anberaumt) 11
'an|beten A 18
'an|bieten j-m etw. 48,
31
'an|binden etw. an A
44, 31
'an|blicken A 11
'an|brechen A; v/i
(sein) 43, 31
ändern A; sich (A) ~
21
'an|deuten A 18
'an|drehen A; j-m etw.
11
'an|eignen; sich (D)
etw. ~ 22
'an|erkennen A (als A)
(P. P. 'anerkannt) 53
'an|fahren A; v/i (sein)
51, 31
'an|fallen j-n; v/i (sein)
50, 29
'an|fangen A od. ~ mit
D 50, 29
'an|fassen A 19
'an|fechten A 46, 29
'an|fertigen A 11

'an|geben j-m etw.; A
52, 31
'an|gehen j-n um
(mst. sein); v/i
(sein) 44, 29
'an|gehören D
(P. P. 'angehört) 11
angeln A 20
'an|gewöhnen j-m
etw.; sich (D) etw. ~
(P. P. 'angewöhnt)
11
'an|gleichen A, D 46,
29
'an|greifen A 46, 29
ängstigen A; sich (A)
~ um A 6
'an|haben A 37
'an|haften A 18
'an|halten A 50, 29
'an|häufen A; sich (A)
~ 11
'an|heben A 46, 31
'an|hören A 11
'an|klagen j-n G od.
wegen G (vor D) 11
'an|kleiden; sich (A)
~ 18
'an|klopfen v/i an A 11
'an|knipsen A 19
'an|knüpfen A; an A 11
'an|kommen in D 52,
31
'an|kreuzen A 19
'an|kündigen j-m etw.
11
'an|langen v/i (sein) 11
'an|legen A; j-m etw.;
an D 11
'an|lehnen etw. an A;
sich (A) ~ an A 11
'an|lernen A 11
'an|machen A 11
'an|maßen: sich (D)
etw. ~ 19
'an|melden A; sich (A)
~ in D, bei D 18
'an|merken A; j-m etw.
11
'an|nähen etw. an A
11
'an|nehmen A; sich
(A) – G ~ 31
'an|ordnen A 22

'an|passen A-D; sich
(A) – D ~ 19
'an|probieren A 23
'an|rechnen A 22
'an|reden 18
'an|regen A; j-n zu D
11
'an|reizen A zu D 19
'an|richten A 18
'an|rufen A 29
'an|rühren A 11
'an|sagen A 11
'an|schaffen A; sich
(D) etw. ~ 11
'an|schalten A 18
'an|schauen A; sich
(D) etw. ~ 11
'an|schicken: sich (A)
~, zu + Inf. 11
'an|schlagen A; v/i es
schlägt an 51, 31
'an|schließen A; sich
(A) j-m od. an j-n ~
49, 31
'an|schneiden A 47,
29
'an|schreiben A 48,
29
'an|schreien A 48, 29
'an|schwellen v/i
(sein) 46, 31
'an|sehen A; j-m etw.;
sich (D) etw. (A) ~
52, 31
'an|setzen A; v/i (zu D)
19
'an|spannen A 11
'an|sprechen A 43, 31
'an|starren A 11
'an|stecken (j-m) etw.;
j-n mit D 11
'an|stehen v/i (D) 46,
31
'an|steigen v/i (sein)
48, 29
'an|stellen A; sich (A)
~ 11
'an|stiften j-n zu D 18
'an|stimmen A 11
'an|stoßen A; v/i
(sein) 52, 29
'an|streichen A 47, 29
'an|strengen A; sich
(A) ~ 11

'an|treffen A 43, 31
'an|treiben A; v/i
   (sein) 48, 29
'an|treten A; v/i (sein)
   52, 31
'an|tun j-m etw.; sich
   (D) etw. ~ 50, 31
antworten j-m; auf
   etw. 18
'an|vertrauen j-m etw.
   11
'an|weisen j-m etw.;
   j-n ..., zu + Inf. 48,
   29
'an|wenden A 53
'an|werben j-n 43, 31
'an|zahlen A 11
'an|zeigen A (wegen
   G) 11
'an|zetteln A 20
'an|ziehen A; sich (A)
   ~ 49, 31
'an|zünden A 18
appellieren an A 23
applaudieren v/i 23
arbeiten an D 18
ärgern A; sich (A) ~
   über A 21
aß, äße s. essen
atmen v/i; a. A 22
'auf|atmen v/i 22
'auf|bauen A 11
'auf|bewahren A (P. P.
   aufbewahrt) 11
'auf|bleiben v/i (sein)
   47, 29
'auf|blühen v/i (sein)
   11
'auf|brausen v/i (sein)
   19
'auf|brechen A; v/i
   (sein) 43, 31
'auf|bürden j-m etw.
   18
'auf|drehen A 11
'auf|erlegen j-m etw.
   11
'auf|essen A 51, 31
'auf|fallen D (sein) 50,
   29
'auf|fangen A 50, 29
'auf|fassen A 19
'auf|finden A 44, 31
'auf|fordern A 21

'auf|führen A 11
'auf|geben A; a. v/i
   52, 31
'auf|gehen v/i (sein) in
   D 44, 29
'auf|haben A 37
'auf|halten A; sich (A)
   ~ (über A) 50, 29
'auf|hängen A 44, 29
'auf|heben A 46, 31
'auf|heitern A; sich (A)
   ~ 21
'auf|hören mit etw. (D)
   11
'auf|klären A (über A);
   sich (A) ~ 11
'auf|laden A; j-m etw.
   51, 31
'auf|lauern D 21
'auf|leben v/i (sein) 11
'auf|legen A 11
'auf|lehnen: sich (A)
   gegen A 11
'auf|lösen A; sich (A)
   ~ 19
'auf|machen A; sich
   (A) ~ 11
'auf|muntern j-n 21
'auf|nehmen A 31
'auf|opfern: sich (A) ~
   für A 21
'auf|passen auf A 19
'auf|prallen v/i (sein)
   auf A/D 11
'auf|putschen A 11
'auf|raffen A; sich (A)
   ~ 11
'auf|räumen A; mit D
   11
'aufrecht|erhalten A
   (P. P. aufrecht-
   erhalten) 50, 29
'auf|regen A; sich (A)
   ~ über A 11
'auf|reiben A 48, 29
'auf|richten A; sich (A)
   ~ 18
'auf|rufen A zu D 29
'auf|rüsten v/i 18
'auf|sagen A 11
'auf|schauen v/i (zu D,
   j-m) 11
'auf|schieben A 49,
   31

'auf|schlagen A; v/i
   (sein) 51, 31
'auf|schließen A 49,
   31
'auf|schneiden A; a.
   v/i 47, 29
'auf|schreiben A; j-n
   48, 29
'auf|schwemmen A 11
'auf|sehen v/i (zu j-m)
   52, 31
'auf|setzen A 19
'auf|spielen v/i (zu D);
   sich (A) ~ 11
'auf|springen v/i (sein)
   45, 31
'auf|stehen v/i (sein);
   (offenstehen: haben)
   46, 31
'auf|steigen v/i (sein)
   48, 29
'auf|stellen A 11
'auf|stoßen A; v/i; sich
   (D) etw. ~ 52, 29
'auf|suchen A 11
'auf|tauchen v/i (sein)
   11
'auf|tauen A; v/i (sein)
   11
'auf|treiben A 48, 29
'auf|treten v/i (sein)
   52, 31
'auf|wachen v/i (sein)
   11
'auf|wachsen v/i (sein)
   51, 31
'auf|wärmen A; sich
   (A) ~ 11
'auf|wecken A 11
'auf|wenden A 53
'auf|werten A 11
'auf|wiegeln j-n gegen
   A 20
'auf|zählen A 11
'auf|zeichnen A 22
'auf|ziehen A; v/i
   (→ sein) 49, 31
'auf|zwingen j-m etw.
   45, 31
'aus|arbeiten A 18
'aus|atmen v/i u. A
   22
'aus|bauen A 11
'aus|bessern A 21

'aus|beuten A 18
'aus|bilden A 18
'aus|bleiben v/i (sein) 47, 29
'aus|brechen A; v/i (→ sein) 43, 31
'aus|breiten A; sich (A) ~ 18
'aus|brennen v/i (sein) 53
'aus|dehnen A; sich (A) ~ 11
'aus|denken: sich (D) etw. ~ 53
'aus|drücken A; sich (A) ~ 11
ausein'ander|setzen j-m etw.; sich (A) ~ mit D 19
'aus|fallen v/i (sein) 50, 29
'aus|fragen j-n über A 11
'aus|führen A 11
'aus|füllen A 11
'aus|geben A (für A) 52, 31
'aus|gehen v/i (sein); fig. von D 44, 29
'aus|gleichen A durch A 46, 29
'aus|halten A 50, 29
'aus|händigen j-m etw. 11
'aus|helfen v/i (j-m mit D) 43, 31
'aus|kennen: sich (A) ~ in D 53
'aus|kleiden A; sich (A) ~ 18
'aus|knipsen A 19
'aus|kommen v/i mit D 52, 31
'aus|kundschaften A 18
'aus|lachen j-n wegen G 11
'aus|lassen A; etw. an D; sich (A) ~ über A 50, 29
'aus|laufen v/i (sein) 51, 29
'aus|leihen j-m etw. 48, 29

'aus|liefern (j-m) etw. 21
'aus|lösen A 19
'aus|machen A 11
'aus|nutzen A; j-n (zu D) 19
'aus|packen A 11
'aus|rechnen A; sich (D) etw. ~ 22
'aus|reden j-m etw. 18
'aus|reichen v/i für A 11
'aus|reisen v/i (sein) 19
'aus|richten j-m etw.; A 18
'aus|rotten A 18
'aus|rufen A 29
'aus|ruhen: sich (A) ~ 11
'aus|rüsten A mit D 18
'aus|sagen A; v/i 11
'aus|schalten A 18
'aus|scheiden aus D 48, 29
'aus|schlagen v/i; A 51, 31
'aus|schließen j-n von D; v/i (sein) 49, 31
'aus|schneiden A 47, 29
'aus|sehen v/i 52, 31
äußern A; sich (A) ~ zu D; über A 21
'aus|setzen v/i; A 19
'aus|sondern A 19
'aus|sortieren A 23
'aus|spannen v/i; j-m etw. 11
'aus|sprechen A; sich (A) ~ über A 43, 31
'aus|statten A mit D 18
'aus|steigen v/i (sein) 48, 29
'aus|stellen A 11
'aus|stoßen j-n aus D; A 52, 29
'aus|suchen j-m od. sich etw. ~ 11
'aus|teilen A 11
'aus|tragen A 51, 31
'aus|treten A; v/i (sein) aus D 52, 31

'aus|trinken A 45, 31
'aus|üben A (auf A) 11
'aus|wählen A 11
'aus|wandern v/i in A; nach D 21
'aus|waschen A 51, 31
'aus|wechseln A 20
'aus|weichen v/i (sein) D 47, 29
'aus|weisen A od. sich 48, 29
'aus|werten A 18
'aus|wirken: sich (A) ~ auf A 11
'aus|wischen A 11
'aus|zahlen A 11
'aus|zeichnen A wegen G; sich (A) ~ durch A 22
'aus|ziehen A; v/i (sein) 49, 31

B

backen A; v/i 51, 31
baden A; v/i 18
band, bände
    s. binden
bändigen A 6
bangen v/i um A 6
barg, bärge s. bergen
barst, bärste
    s. bersten
basieren v/i auf D 23
basteln v/i; A; an D 20
bat, bäte s. bitten
bauen A; auf A 6
baumeln v/i (an D) 20
be'absichtigen A 6
be'achten A 18
be'anspruchen A 6
be'anstanden A 18
be'antragen A 6
be'antworten A 18
be'arbeiten A 18
be'aufsichtigen A 6
be'auftragen j-n mit D 6
beben v/i (vor D) 6
be'danken: sich (A) bei j-m ~ für A 16
be'dauern A 21
be'decken A mit D 6

57

be'**denken** A; j-n mit
  D 53
be'deuten A; j-m etw.
  18
be'dienen A; sich (A)
  ~ G 6
be'drohen A (mit D) 6
be'drücken A 6
be'**dürfen** G 41
be'ehren A (mit D) 6
be'eiden A 18
be'eilen: sich (A) ~ 16
be'eindrucken j-n
  (P. P. be'eindruckt)
  6
be'einflussen A (P. P.
  be'einflusst) 19
be'einträchtigen A
  (P. P. be'einträch-
  tigt) 6
be'enden A 18
be'endigen A 6
be'erdigen A 6
be'fähigen j-n zu D 6
be**fahl, befähle**
  s. befehlen
be'**fallen** A 50, 24
be'fassen j-n mit D;
  sich (A) ~ mit D 19
be'**fehlen** j-m etw. 43,
  31
be'fehligen A 6
be'festigen etw. an D
  6
be**fiehl** s. befehlen
be'**finden** über A; sich
  (A) ~ 44, 31
be**fohlen, befohle**
  s. befehlen
be'folgen A 6
be'fördern A; j-n zu D
  21
be'fragen A 11
be'freien j-n (etw.;
  sich) von D 6
be'fremden j-n 18
be'friedigen A 6
be'fürchten A 18
be'fürworten A 18
be**gann, begänne**
  s. beginnen
be'**geben**: sich (A) ~;
  sich (A) ~ G 52, 31
be'gegnen D (sein) 22

be'**gehen** A 44, 24
be'gehren A 6
be'geistern A 21
be'**gießen** A 49, 31
be'**ginnen** A od. mit
  (D) 44, 31
be'glaubigen A 6
be'**gleichen** A 46, 24
be'gleiten A 18
be'glückwünschen j-n
  zu D 6
be'gnadigen j-n 6
be'gnügen: sich (A) ~
  mit D 16
be**gonnen, begönne**
  s. beginnen
be'**graben** A 51, 31
be'**greifen** A 46, 29
be'grenzen A auf A 19
be'gründen A mit D 18
be'grüßen A 19
be'günstigen A 6
be'gutachten A (P. P.
  be'gutachtet) 18
be'hagen D 6
be'**halten** A 50, 24
be'handeln A 20
be'haupten A (j-m
  gegenüber) 18
be'**heben** A 46, 31
be'**helfen**: sich (A) ~
  mit D 43, 31
be'herrschen A
  (a. sich) 6
be'herzigen A 6
be'hindern A (bei D)
  21
be'hüten A 18
'**bei**|**bringen** j-m etw.
  53
beichten j-m etw. 18
'**bei**|fügen A – D 6
'**bei**|**kommen** D 52, 31
'**bei**|legen A – D 6
'**bei**|pflichten D 18
'**bei**|setzen A 19
beißen A 46, 24
'**bei**|**stehen** D 46, 31
'**bei**|stimmen D 6
'**bei**|**tragen** etw. zu D
  51, 31
'**bei**|**treten** D 52, 31
'**bei**|wohnen D 11
be'kämpfen A 6

be'kannt|**geben** A 52,
  31
be'kehren j-n
  (od. sich) zu D 6
be'**kennen** A 53
be'klagen A; sich (A)
  ~ über A 6
be'kleiden A; j-n mit D
  18
be'**kommen** A 52, 31
be'kräftigen A 6
be'**laden** A mit D 51,
  31
be'lagern A 21
be'langen j-n wegen G
  6
be'lasten A (a. sich)
  mit D 18
be'lästigen A (mit D) 6
be'leben A 6
be'legen A 6
be'lehren j-n 6
be'leidigen j-n 6
be'lichten A; v/i 18
bellen v/i 6
be'lohnen j-n für A 6
be'mächtigen: sich (A)
  ~ G 16
be'mängeln A 20
be'merken A 6
be'mitleiden j-n 18
be'mühen: sich (A) ~
  um A 16
be'nachrichtigen j-n
  über A, von D 6
be'**nehmen**: sich (A) ~
  j-m gegenüber 31
be'neiden j-n um A 18
be'nötigen A 6
be'nutzen A 19
be'nützen A 19
be'obachten A 18
be'**raten** j-n in D, bei
  D 50, 24
be'rechnen j-m etw.
  für A 22
be'rechtigen A (zu D)
  6
be'reichern A; sich (A)
  ~ an D 21
be'reinigen A 6
be'reiten A; j-m etw.
  18
be'reuen A 6

58

bergen A; in sich (D)
~ 44, 24
be'richten D (dass ...);
über A, von D 18
be'richtigen A 6
bersten v/i (sein) vor
D 44, 24
be'rücksichtigen A 6
be'**rufen** j-n (zu D);
sich (A) ~ auf A 24
be'ruhen v/i auf D 6
be'ruhigen A; sich (A)
~ 6
be'rühren A 6
be'sänftigen A 6
be'schädigen A 6
be'schaffen j-m etw. 6
be'schäftigen A; sich
(A) ~ mit (D) 6
be'scheinigen j-m etw.
6
be'schenken j-n mit D
6
be'scheren j-m etw. 6
be'schimpfen A 6
be'schlagnahmen A 6
be'schleunigen A 6
be'**schließen** A; A mit
D 49, 31
be'schmutzen A 19
be'schönigen A 6
be'schränken A auf A;
sich (A) ~ auf A 6
be'**schreiben** A 48,
24
be'schuldigen j-n G 6
be'schützen A 19
be'schweren: sich (A)
~ über A 16
be'schwichtigen A 6
be'**schwören** A 50,
24
be'**sehen** A 52, 31
be'seitigen A 6
be'setzen A 19
be'sichtigen A 6
be'siegen A 6
be'**sitzen** A 45, 31
be'sorgen j-m
(od. sich) etw. 6
be'**sprechen** A 43, 31
bessern A; sich (A) ~
21
be'stärken j-n in D 6

be'stätigen j-m etw.;
sich (A) ~ 6
be'statten A 18
be'staunen A 6
be'**stechen** A; v/i 43,
31
be'**stehen** aus D; auf
D (A) 46, 31
be'stellen A bei D; j-n
zu D 6
be'stimmen A 6
be'strafen j-n für A 6
be'**streichen** A 47, 24
be'streiken A 6
be'**streiten** A 47, 24
be'suchen A 6
be'tätigen A; sich (A)
~ 6
be'täuben A 6
be'teiligen j-n
(od. sich) an D 6
beten v/i zu D; für A
18
be'tonen A 6
be'trachten A (als A)
18
be'**tragen** v/i (A); sich
(A) ~ 51, 31
be'**treffen** A 43, 31
be'**treiben** A 48, 24
be'**treten** 52, 31
be'treuen A 6
be'**trinken**: sich (A) ~
45, 31
**betrog, beträge, be-
trogen** s. betrügen
be'**trügen** j-n (um A)
50, 31
betteln v/i um A 20
beugen A; sich ~ D
(vor D) 6
be'unruhigen A
(a. sich) 6
be'urlauben A 6
be'urteilen A 6
be'völkern A 21
be'vollmächtigen j-n
6
be'vorzugen A 6
be'wachen A 6
be'waffnen A (a. sich)
mit D 22
be'wahren A; j-n vor D
6

be'währen: sich (A) in,
bei D 16
be'wältigen A 6
be'wegen[1] A; sich (A)
~ 6
be'**wegen**[2] j-n zu D
46, 31
be'**weisen** j-m etw.
48, 24
be'**werben**: sich (A) ~
um A 43, 31
be'werten A 18
be'willigen j-m etw. 6
be'wirken A 6
be'wirten j-n 18
bewog, bewöge
s. bewegen[2]
be'wohnen A 6
be'wölken: sich (A) ~
mit D 16
be'wundern A wegen
G 21
be'zahlen A; j-n für A
6
be'zeichnen A (als A)
22
be'zichtigen j-n – G 6
be'**ziehen** A; sich (A)
~ auf A 49, 31
be'zwecken A 6
be'zweifeln A 20
be'**zwingen** A 45, 31
biegen A; v/i (sein)
um A 48, 31
bieten j-m etw.; sich
(A) j-m ~ 48, 31
bilden A 18
billigen A 6
binden etw. (an A) 44,
31
birg, birgt s. bergen
birst s. bersten
biss s. beißen
bitten j-n um A 45, 31
blasen v/i; A 50, 24
bläst s. blasen
bleiben v/i (sein) bei
D 47, 24
bleichen v/i (sein); A
46, 24
blenden A 18
blich s. bleichen
blicken v/i 6
blieb s. bleiben

blies s. blasen
blinken v/i 6
blinzeln v/i 20
blitzen v/i 19
blockieren A 23
blühen v/i 6
bluten v/i 18
bog, böge s. biegen
bohnern A 21
bohren A 6
borgen j-m (od. sich)
etw. 6
bot, böte s. bieten
boxen (gegen) j-n 19
boykottieren A 23
brach, bräche
s. brechen
brachte, brächte
s. brechen
brannte s. brennen
brät s. braten
braten A; v/i 50, 24
brauchen A; nicht ~
zu + Inf. 6
brausen v/i; sich (A)
~; v/i (→ sein) 19
brechen A; v/i (sein);
sich (A) etw. ~ 43,
31
bremsen v/i; A 19
brennen v/i; A 53
brich s. brechen
briet s. braten
bringen j-m etw.; j-m
um etw.; A zu D 53
brüllen v/i 6
brüsten: sich (A) ~ mit
D 18
brüten v/i (über D) 18
buchen A 6
buchstabieren A 23
bücken: sich (A) 16
bügeln A 20
buk, büke s. backen
bummeln v/i (gehen:
sein) 20
bürgen für A 6
bürsten v/i; A 18
büßen A mit D; für A
19

C

charakterisieren A 23
chartern A 21

D

da'bei|**sein** v/i (sein)
35
dachte, dächte
s. denken
da'hinter|**kommen** v/i
(sein) 52, 31
dämmern v/i; es däm-
mert mir 21
dampfen v/i 6
dämpfen A 6
dang, dänge
s. dingen
danken j-m für A 6
darf s. dürfen
'dar|legen j-m etw.
11
'dar|stellen A 11
'da|**sein** v/i (sein) 35
datieren 23
dauern v/i 21
da'von|**kommen** v/i
(sein) (mit D) 52, 31
da'von|machen: sich ~
11
da'zu|gehören v/i 11
da'zu|**kommen** v/i
(sein) 52, 31
da'zwischen|**kommen**
v/i (sein) 52, 31
debattieren über A 23
decken A; sich (A) ~ 6
definieren A 23
dehnen A; sich (A) ~ 6
deklinieren A 23
delegieren j-n zu D 23
dementieren A 23
demonstrieren A; v/i
gegen A 23
demontieren A 23
demütigen A 6
denken an A; sich (D)
etw. ~ 53
denunzieren j-n (bei D)
23
deponieren A 23
desinfizieren A 23
deuchte s. dünken
deuten A; v/i auf A 18
dichten A 18
dienen D; als N; zu D
6
diktieren j-m etw. 23
dingen j-n 44, 31, 6

diskutieren A; über A
23
dispensieren von D 23
dividieren A durch A
23
dolmetschen v/i; A 6
donnern v/i; (fahren
→ sein) 21
dopen j-n; sich (A) ~ 6
dösen v/i; vor sich (D)
hin dösen 19
dramatisieren A 23
drang, dränge
s. dringen
drängeln v/i 20
drängen j-n zu D 6
'dran|**kommen** v/i 52,
31
drasch s. dreschen
drehen A; sich (A) ~ 6
dreschen A 46, 31
dressieren A 23
dringen v/i (sein) in A;
fig. auf A 44, 31
drisch s. dreschen
drohen D 6
dröhnen v/i von D 6
drosch, drösche
s. dreschen
drosseln A 20
drucken A 6
drücken A; sich (A) ~
vor, von D 6
duften (nach D) 18
dulden v/i; A 18
düngen A 6
dünken A od. D 53
dünsten A 18
'durch|arbeiten A 18
'durch|**brechen** A 43,
31
durch'**brechen** A 43,
31
'durch|**brennen** v/i
(sein) 53
'durch|**bringen** A 53
durch'**denken** A 53
'durch|**dringen** v/i
(sein) durch A 44, 31
durch'**dringen** A 44,
31
'durch|drücken A 11
durchein'ander|**brin-
gen** A 53

'durch|fahren v/i
(sein) (durch A) 51,
31
durch'fahren A 51, 31
'durch|fallen v/i (sein)
50, 29
'durch|führen A 11
'durch|geben A 52, 31
'durch|gehen v/i (sein)
mit D; fig. A (sein,
selten haben) 44,
29
'durch|greifen v/i
(gegen A) 46, 29
'durch|halten v/i; A
50, 29
'durch|kommen v/i
(sein) 52, 31
durch'kreuzen A 19
'durch|lassen A 50,
29
'durch|laufen v/i (sein)
durch A 51, 29
durch'laufen A 51,
29
'durch|lesen A 52, 31
'durch|machen A 11
'durch|nehmen A 31
durch'queren A 6
'durch|schauen v/i
(durch A) 11
durch'schauen A 6
'durch|sehen A 52, 31
'durch|setzen A; sich
(A) ~ 19
durch'setzen A mit D
19
'durch|sprechen A 43,
31
'durch|stehen A 46,
31
'durch|streichen A 47,
29
durch'suchen A 6
durch'wühlen A
(a. 'durch|wühlen) 6
dürfen 41
durfte s. dürfen
dürsten nach D; es
dürstet mich 18
dursten v/i 18
duschen v/i; a. sich
(A) ~ 6
duzen A 19

E

ehren A 6
eignen: sich (A) ~ zu
D; für A 22
eilen v/i; (→ sein) 6
'ein|arbeiten A; sich
(A) ~ in A 18
'ein|atmen A 22
'ein|bauen A (in A) 11
'ein|berufen A (P. P.
'einberufen) 29
'ein|beziehen A (in A)
49, 31
'ein|biegen v/i (sein)
in A 48, 31
'ein|bilden: sich (D)
etw. ~ 18
'ein|brechen A (sein)
in A; v/i (haben) in
D 43, 31
'ein|bringen A 53
'ein|bürgern j-n; sich
(A) ~ 21
'ein|büßen A 19
'ein|dringen v/i (sein)
in A 44, 31
'ein|fallen v/i (sein) in
A; es fällt mir ein
50, 29
'ein|fassen A 19
'ein|finden: sich (A) ~
(in D) 44, 31
'ein|fliegen A; v/i
(sein) (in A) 48, 31
'ein|fließen v/i (sein)
49, 31
'ein|flößen A; j-m etw.
19
'ein|frieren v/i (sein);
A 49, 31
'ein|fügen A in A; sich
(A) ~ in A 11
'ein|fühlen: sich (A) ~
in A 11
'ein|führen A 11
'ein|gehen v/i (sein)
44, 29
'ein|gestehen A
(P. P. 'eingestanden)
46, 31
'ein|greifen v/i (in A)
46, 29
'ein|halten A; v/i in D
50, 29

'ein|hängen A 11
'ein|holen A 11
einigen: sich (A) ~
über A; auf A 16
'ein|kaufen A 11
'ein|kehren v/i (sein)
(in D) 11
'ein|laden A 51, 31
'ein|lassen A (in A);
sich (A) ~ mit j-m;
auf etw. 50, 29
'ein|laufen v/i (sein)
51, 29
'ein|leben: sich (A) ~
16
'ein|legen A (in A) 11
'ein|leiten A 18
'ein|leuchten j-m 18
'ein|liefern j-n in A 21
'ein|lösen A 19
'ein|mischen: sich (A)
~ in A 16
'ein|nehmen A 31
'ein|ordnen A in A;
sich (A) ~ 22
'ein|prägen j-m etw.;
sich (D) etw. ~ 11
'ein|rahmen A 11
'ein|räumen A; j-m
etw. 11
'ein|reden j-m etw.
18
'ein|reichen A 11
'ein|reisen v/i (sein)
19
'ein|richten A; sich (A)
~ auf A 18
'ein|sammeln A 20
'ein|schalten A; sich
(A) ~ in A 18
'ein|schätzen A 19
'ein|schenken j-m etw.
11
einschiffen A; sich (A)
~ mst. nach D 11
'ein|schlafen v/i (sein)
50, 29
'ein|schläfern A 21
'ein|schlagen A; a. v/i
(sein) 51, 31
'ein|schleichen: sich
(A) ~ in A 47, 29
'ein|schließen A (in A)
49, 31

'ein|schränken A; sich
  (A) ~ 11
'ein|schreiten v/i
  (sein) gegen A 47,
  29
'ein|schüchtern j-n 21
'ein|sehen A 52, 31
'ein|setzen A; v/i; sich
  (A) ~ für A 19
'ein|sperren A 11
'ein|stecken A 11
'ein|stehen v/i (sein)
  für A 46, 31
'ein|steigen v/i (sein)
  in A 48, 29
'ein|stellen j-n; etw.;
  sich (A) ~ auf A 11
'ein|stufen j-n 11
'ein|stürzen v/i (sein)
  19
'ein|tauschen A gegen
  A 11
'ein|teilen A (in A) 11
'ein|tragen A in A;
  sich (A) ~ in A 51,
  31
'ein|treffen v/i (sein)
  (in D) 43, 31
'ein|treten A; v/i (sein)
  in A 52, 31
'ein|wandern v/i (sein)
  21
'ein|weichen A 11
'ein|weihen A; j-n in A
  11
'ein|weisen j-n in A
  48, 29
'ein|wenden etw.;
  nichts gegen A 53
'ein|wickeln A 20
'ein|willigen v/i in A 11
'ein|zahlen A 11
'ein|ziehen A; v/i
  (sein) in A 49, 31
eitern v/i 21
ekeln: sich (A) ~ vor
  D; es ekelt mich od.
  mir vor D 20
empfahl, empfähle
  s. empfehlen
em'pfangen A 51, 24
em'pfehlen j-m etw.
  43, 31
empfiehl s. empfehlen

em'pfinden A als A
  44, 31
empföhle, empfohlen
  s. empfehlen
em'pören A; sich (A) ~
  gegen A 6
em'por|kommen v/i
  (sein) 52, 31
enden v/i (mit D) 18
ent'behren A; G 6
ent'binden j-n von D
  44, 31
ent'blößen A 19
ent'decken A 6
ent'eignen A 22
ent'**fallen** D (sein) 50,
  24
ent'fernen A von, aus
  D; sich (A) ~ von D
  6
ent'fesseln A 20
ent'**flechten** A 46, 31
ent'führen A 6
ent'gegen|kommen v/i
  (sein) j-m 52, 31
ent'gegen|nehmen A
  31
ent'gegen|treten D
  (sein) 52, 31
ent'gegnen D, auf A
  22
ent'**gehen** (sein) D 44,
  24
ent'gleisen v/i (sein)
  19
ent'**halten** A 50, 24
ent'kleiden j-n
  (od. sich); j-n G 18
ent'**kommen** (sein) D
  52, 31
ent'**lassen** j-n (aus D)
  50, 24
ent'lasten A 18
ent'**laufen** (sein) D
  51, 24
ent'ledigen: sich (A) ~
  G 16
ent'**leihen** etw. von D;
  sich (D) etw. ~
  (von D) 48, 24
ent'mutigen A 6
ent'**nehmen** A – D 31
ent'**reißen** j-m etw.
  47, 24

ent'richten A 18
ent'sagen D 6
ent'schädigen j-n für A
  6
ent'**scheiden** A od.
  über A 48, 24
ent'**schließen**: sich
  (A) ~ für A 49, 31
ent'schuldigen A; sich
  (A) ~ für A 6
ent'sinnen: sich (A) ~
  G 44, 31
ent'spannen A; sich
  (A) ~ 6
ent'**sprechen** D 43,
  31
ent'**stehen** v/i (sein)
  46, 31
ent'stellen A 6
ent'täuschen A 6
ent'völkern A 21
ent'wenden j-m etw.
  18
ent'**werfen** A 44, 31
ent'werten A 18
ent'wickeln A; sich (A)
  ~ (zu D) 20
ent'**ziehen** j-m etw.;
  sich (A) ~ D 49, 31
er'achten A für A 18
er'arbeiten A; sich (D)
  etw. ~ 18
er'bauen A 6
erben A (von D) 6
er'beuten A 18
er'blicken A 6
er'dulden A 18
er'eignen: sich ~ 22
er'**fahren** etw. über A
  51, 31
er'fassen A 19
er'**finden** A 44, 31
er'folgen v/i (sein)
  14
er'fordern A 21
er'forschen A 6
er'**frieren** v/i (sein)
  49, 31
er'frischen A; sich (A)
  ~ 6
er'füllen A; sich (A) ~
  6
er'gänzen A; sich (A)
  ~ 19

er'geben A; sich (A) ~
aus D 52, 31
er'gehen v/i (sein): es
ist mir ... ergangen;
sich (A) ~ in D 44,
24
er'greifen A 46, 24
er'halten A 50, 24
er'heben A; sich (A) ~
46, 31
er'höhen A 6
er'holen: sich (A) ~
(von D) 16
er'innern j-n an A; sich
~ G od. an A 21
er'kälten: sich (A) ~
18
er'kämpfen A; sich (D)
etw. ~ 6
er'kennen j-n an D 53
er'kiesen j-n 48, 31
er'klären j-m gegen-
über etw. 6
er'klimmen A 49, 31
erkor, erköre
s. erkiesen
er'kundigen: sich (A)
~ nach (D) 16
er'langen A 6
er'lassen A; j-m etw.
50, 24
er'lauben j-m etw. 6
er'läutern j-m etw. 21
er'leben A 6
er'ledigen A 6
er'leichtern j-m etw.
21
er'leiden A 47, 24
er'lernen A 6
erlisch, erlosch, erlo-
schen s. erlöschen
er'löschen v/i (sein)
50, 31
er'mächtigen j-n zu D
6
er'mahnen j-n zu D 6
er'mäßigen A 6
er'mitteln A 20
er'möglichen A 6
er'morden A 18
er'müden A; v/i (sein)
18
er'mutigen j-n zu D 6
er'nähren A (a. sich) 6

er'nennen j-n zu D 53
er'neuern A 21
ernten A 18
er'obern A; sich (D)
etw. ~ 21
er'öffnen (j-m) etw. 22
er'örtern A 21
er'pressen A 19
er'raten A 50, 24
er'regen A; sich (A) ~
über A 6
er'reichen A 6
er'richten A 18
er'röten v/i (sein) 18
er'schallen v/i (sein)
51, 24
er'scheinen v/i (sein)
48, 24
er'schießen j-n 49, 31
erschrak, erschräke
s. erschrecken[2]
er'schrecken[1] j-n 6
er'schrecken[2] v/i
(sein) 44, 31
erschrick,
erschrocken
s. erschrecken[2]
er'setzen A durch A;
j-m etw. 19
er'sparen j-m etw.;
sich (D) etw. ~ 6
er'starren v/i (sein)
(vor D) 14
er'statten j-m etw.; A
18
er'staunen v/i (sein)
über A; A (haben)
14, 6
er'sticken v/i (sein)
an D; A (haben) 14,
6
er'streben A 6
er'strecken: sich (A) ~
bis zu D; auf A 16
er'suchen j-n um A 6
er'teilen j-m etw. 6
er'tragen A 51, 31
er'trinken v/i (sein)
45, 31
er'wachen v/i (sein)
14
er'wägen A 45, 31
er'wähnen A 6
er'warten A 18

er'weisen A; j-m etw.;
sich (A) ~ als N
(früher a. A) 48, 24
er'weitern A (um A) 21
er'werben A 43, 31
er'widern j-m etw. 21
erwog, erwöge, er-
wogen s. erwägen
er'zählen j-m etw.;
sich (D) etw. ~ 6
er'zeugen A 6
er'ziehen A 49, 31
er'zielen A 6
er'zwingen A 45, 31
essen 51, 31

F
fabrizieren A 23
fahnden v/i nach D 18
fahren v/i (sein) mst.
nach D; in A; a. A
51, 31
fährt s. fahren
fallen v/i (sein) 50, 24
fällen A 6
fällt s. fallen; fällen
fälschen A 6
falten A 18
fangen A 51, 24
fängt s. fangen
färben A; sich (A) ~ 6
fassen A; j-n an D 19
fasten v/i 18
faulen v/i (sein) 6
faulenzen v/i 19
fechten v/i 46, 31
fegen A 6
fehlen v/i; es fehlt mir
6
'fehl|schlagen v/i
(sein) 51, 31
feiern A 21
'fern|bleiben v/i (sein)
D 47, 29
'fern|halten j-n od.
sich (A) von D 50,
29
'fern|sehen v/i 52, 31
fertigen A 6
'fest|halten A; an D;
sich (A) ~ an D 50,
29
festigen A; sich (A) ~
6

'fest|legen A; sich (A)
~ auf A 11
'fest|machen A 11
'fest|nehmen j-n 31
'fest|setzen A 19
'fest|stehen v/i 46, 31
'fest|stellen A 11
feuern v/i; A 21
ficht s. fechten
fiel s. fallen
filmen v/i; A 6
finden A 44, 31
fing s. fangen
fischen v/i; A 6
flattern v/i (→ sein)
21
flechten A 46, 31
flehen um A 6
flicht s. flechten
flicken A 6
fliegen v/i (sein); A
48, 31
fliehen v/i (sein) vor
D; A 48, 31
fließen v/i (sein) 49,
31
flirten mit D 18
flocht, flöchte
s. flechten
flog, flöge s. fliegen
floh, flöhe s. fliehen
floss, flösse s. fließen
fluchen über A 6
flüchten v/i (sein); sich
(A) ~ zu D 18
flüstern v/i; j-m etw.
ins Ohr ~ 21
focht, föchte
s. fechten
folgen D; es folgte
aus D 6
folgern A aus D 21
foltern j-n 21
fordern etw. von j-m
21
fördern A 21
formen A 6
forschen nach D 6
'fort|dauern v/i 21
'fort|fahren v/i in D
51, 31
'fort|führen A 11
'fort|gehen v/i (sein)
44, 29

'fort|laufen v/i (sein)
51, 29
'fort|pflanzen: sich (A)
~ 19
'fort|setzen A 19
fotografieren A 23
fragen A; nach D 6
fran'kieren A 23
fraß, fräße s. fressen
'frei|lassen A 50, 29
'frei|sprechen j-n 43,
31
fressen A 52, 31
freuen: sich (A) ~ über
A; auf A; an D 16
frieren v/i; a. mich
friert; (zu Eis wer-
den → sein) 49, 31
friss, frissest
s. fressen
fristen (sein Leben)
18
frönen D 6
fror, fröre s. frieren
frösteln v/i 20
'frühstücken v/i (P. P.
gefrühstückt) 6
fügen A (an, auf A);
sich (A) ~ 6
fühlen A; sich (A) ~ 6
fuhr, führe s. fahren
führen A; v/i 6
füllen A mit D 6
fürchten: sich (A) ~
vor D 18
fußen auf D 19
füttern A mit D 21

G

gab, gäbe s. geben
gähnen v/i (vor D) 6
galt, gelte s. gelten
garantieren j-m etw.;
für A 23
gären v/i (sein u. h.)
45, 24
gebar, gebäre
s. gebären
gebärden: sich (A) ~
18
gebären A 43, 24
geben j-m etw. 52, 31
gebeten s. bitten
gebier s. gebären

gebieten j-m etw.
(P. P. geboten) 48,
31
gebissen s. beißen
geblichen s. bleichen
geblieben s. bleiben
gebogen s. biegen
geboren s. gebären
geborgen s. bergen
geborsten s. bersten
geboten s. bieten
gebracht s. bringen
gebrannt s. brennen
gebrauchen A zu D
(P. P. gebraucht) 6
gebrochen s. brechen
gebühren D
(P. P. gebührt) 6
gebunden s. binden
gedacht s. denken
gedeihen v/i (sein)
47, 24
gedenken G
(P. P. gedacht) 53
gedeucht s. dünken
gedieh, gediehen
s. gedeihen
gedroschen
s. dreschen
gedrungen s. dringen
gedulden: sich (A) ~
(P. P. geduldet) 18
gedungen s. dingen
gedurft s. dürfen
gefährden A
(P. P. gefährdet) 18
gefallen D (P. P.
gefallen) 50, 24
geflochten s. flechten
geflogen s. fliegen
geflohen s. fliehen
geflossen s. fließen
gefochten s. fechten
gefrieren v/i (sein)
(P. P. gefroren) 49,
31
gefroren s. gefrieren
gefunden s. finden
gegangen s. gehen
geglichen s. gleichen
geglitten s. gleiten
geglommen
s. glimmen
gegolten s. gelten

gegoren s. gären
gegossen s. gießen
gegriffen s. greifen
gehen v/i (sein); es
geht mir (gut usw.);
es geht um A 24, 44
gehoben s. heben
geholfen s. helfen
gehorchen D 6
gehören D; zu D 6
geizen mit D 19
gekannt s. kennen
geklommen
s. klimmen
geklungen s. klingen
gekniffen s. kneifen
gekonnt s. können
gekrochen s. kriechen
gelang, gelänge
s. gelingen
gelangen v/i (sein)
(zu D) (P. P. ge-
langt) 14
gelegen s. liegen
geleiten j-n 18
geliehen s. leihen
gelingen v/i (sein); es
gelingt mir 44, 31
gelitten s. leiden
geloben j-m etw.
(P. P. gelobt) 6
gelogen s. lügen
gelten v/i 43, 31
gelungen s. gelingen
gemieden s. meiden
gemocht s. mögen
gemolken s. melken
gemusst s. müssen
genannt s. nennen
genas, genäse
s. genesen
genehmigen A
(P. P. genehmigt) 6
genesen v/i (sein) 52,
31
genießen A 49, 31
genommen s. nehmen
genoss, genösse, ge-
nossen s. genießen
genügen D
(P. P. genügt) 6
gepfiffen s. pfeifen
gepflogen s. pflegen
gepriesen s. preisen

gequollen s. quellen
gerannt s. rennen
geraten v/i (sein) (oft
in A) (P. P. geraten)
50, 24
gerben A 6
gerieben s. reiben
gerinnen v/i (sein)
(P. P. geronnen) 44,
31
gerissen s. reißen
geritten s. reiten
gerochen s. riechen
geronnen s. gerinnen
gerungen s. ringen
gesandt s. senden
geschah, geschähe
s. geschehen
geschehen v/i (sein);
es geschieht
(mir recht) 52, 31
geschieden
s. scheiden
geschieht
s. geschehen
geschienen
s. scheinen
geschissen
s. scheißen
geschlichen
s. schleichen
geschliffen
s. schleifen
geschlissen
s. schleißen
geschlossen
s. schließen
geschlungen
s. schlingen
geschmissen
s. schmeißen
geschmolzen
s. schmelzen
geschnitten
s. schneiden
geschnoben
s. schnauben
geschoben
s. schieben
gescholten
s. schelten
geschoren s. scheren
geschossen
s. schießen

geschrieben
s. schreiben
geschrie(e)n
s. schreien
geschritten
s. schreiten
geschunden
s. schinden
geschwiegen
s. schweigen
geschwollen
s. schwellen
geschwommen
s. schwimmen
geschworen
s. schwören
geschwunden
s. schwinden
geschwungen
s. schwingen
gesessen s. sitzen
gesoffen s. saufen
gesogen s. saugen
gesonnen s. sinnen
gesotten s. sieden
gespie(e)n s. speien
gesponnen s. spinnen
gesprochen
s. sprechen
gesprossen
s. sprießen
gesprungen
s. springen
gestalten A; sich (A) ~
18
gestanden s. stehen
gestatten j-m etw. 18
gestehen (j-m) etw.
(P. P. gestanden)
46, 31
gestiegen s. steigen
gestoben s. stieben
gestochen s. stechen
gestohlen s. stehlen
gestorben s. sterben
gestoßen s. stoßen
gestrichen
s. streichen
gestritten s. streiten
gestunken s. stinken
gesungen s. singen
gesunken s. sinken
getan s. tun
getrieben s. treiben

getroffen s. treffen
getragen s. tragen
getrunken s. trinken
gewähren j-m etw.
   (P. P. gewährt) 6
gewährleisten A (P. P.
   gewährleistet) 18
gewandt s. wenden
gewann, gewänne
   s. gewinnen
gewesen s. sein
gewichen s. weichen
gewiesen s. weisen
gewinnen A 44, 31
gewoben s. weben
gewogen s. wiegen[1]
gewöhnen: sich (A) ~
   an A 16
gewonnen, gewönne
   s. gewinnen
geworben s. werben
geworden s. werden
geworfen s. werfen
gewunden s. winden
gewusst s. wissen
geziehen s. zeihen
gezogen s. ziehen
gezwungen
   s. zwingen
gib, gibt s. geben
gießen A in A; a. v/i
   (= regnen) 49, 31
gilt s. gelten
ging s. gehen
gipfeln v/i in D 20
glänzen v/i (vor D) 19
glätten A; sich (A) ~
   18
glauben j-m; etw.; an
   A 6
gleichen D 46, 24
gleiten v/i (sein) 46,
   24
glich s. gleichen
gliedern A in A 21
glimmen v/i 49, 31
glitt s. gleiten
glomm, glömme
   s. glimmen
glücken D (sein) 6
glühen v/i (vor D) 6
gölte s. gelten
gönnen j-m etw. 6
gor, göre s. gären

goss, gösse s. gießen
graben A; nach D 51,
   31
gräbt s. graben
grämen: sich (A) ~
   über A 16
grasen v/i 19
gratulieren j-m zu D 23
grausen: mir od. mich
   graust; sich (A) ~
   vor D 6, 19
greifen A; nach D; in
   D 46, 24
griff s. greifen
grenzen an A 19
grollen D 6
grub, grübe s. graben
grübeln über A 20
gründen A; sich (A) ~
   auf A 18
grünen v/i 6
gruppieren A; sich (A)
   ~ um A 23
grüßen j-n von D 19
gucken v/i 6
gurgeln v/i 20
'gut|heißen A 52, 29
'gut|schreiben j-m
   etw. 48, 29
'gut|tun D 50, 31

H
haben 37
habilitieren j-n; sich
   (A) ~ 23
haften v/i an, auf D;
   fig. für A 18
hageln v/i 20
häkeln A 20
half, hälfe s. helfen
hallen v/i 6
hält s. halten
halten A; sich (A) ~
   an D 50, 24
hämmern v/i 21
hamstern A 21
handeln v/i; mit D;
   es handelt sich um
   A 20
'handhaben A
   (P. P. gehandhabt) 6
hängen v/i an D 44,
   24
hängen A an A 6

hapern; es hapert an
   D 21
harren auf A; G 6
hassen A 19
hasten v/i (sein) 18
hätscheln j-n 20
hauen A 51, 24
häufen A; sich (A) ~ 6
hausen v/i 19
heben A 46, 31
heften A an A 18
hegen A 6
heilen A 6
'heim|fahren v/i (sein)
   51, 31
'heim|kehren v/i (sein)
   11
'heim|zahlen j-m etw.
   11
heiraten j-n 18
heißen N 52, 24
heizen A 19
helfen D 43, 31
hemmen A 6
he'ran|fahren v/i
   (sein) 51, 31
he'rauf|beschwören A
   50, 29
he'raus|fordern j-n zu
   D 21
he'raus|geben A; j-m
   etw. (od. auf etw.)
   52, 31
he'raus|stellen A; sich
   (A) ~ 11
he'rein|fallen v/i; auf
   A (sein) 50, 29
he'rein|kommen v/i
   (sein) 52, 31
'her|geben A 52, 31
herrschen v/i über A
   6
'her|schicken (j-m)
   etw. 11
'her|stellen A 11
he'rüber|kommen v/i
   (sein) 52, 31
he'rum|gehen v/i
   (sein) um A 44, 29
he'rum|kommen v/i
   (sein) (um A) 52, 31
he'rum|treiben: sich
   (A) ~ 48, 29
her'vor|bringen A 53

her'vor|gehen v/i
(sein) aus D 44,
29
her'vor|heben A 46,
31
her'vor|rufen A 29
her'vor|treten v/i
(sein) mit D 52, 31
hetzen A; v/i 19
heucheln A 20
heulen v/i 6
hexen v/i 19
hieb s. hauen
hielt s. halten
hieß s. heißen
hilf s. helfen
hi'naus|fahren v/i
(sein) 51, 31
hi'naus|gehen v/i
(sein) 44, 29
hi'naus|werfen v/i
(aus D) 44, 31
hi'naus|zögern A 21
hindern j-n an D 21
hi'nein|legen j-n 11
'hin|fallen v/i (sein)
50, 29
'hin|führen A 11
hing s. hängen
'hin|geben etw. für A;
sich (A) ~ D 52, 31
'hin|halten A 50, 29
hinken v/i (→ sein) 6
'hin|kommen v/i (sein)
52, 31
'hin|kriegen A 11
'hin|legen A; sich (A)
~ 11
'hin|nehmen A 31
'hin|richten j-n 18
hinter'bringen A 53
hinter'gehen j-n 44,
24
hinter'lassen j-m etw.
50, 24
hinter'legen etw.
(bei D) 6
hinter'treiben A 48,
24
hin'weg|setzen: sich
(A) ~ über A 19
'hin|weisen j-n auf A
48, 29
hin'zu|fügen A – D 11

hissen A 19
hob s. heben
hobeln A 20
'hoch|heben A 46, 31
'hoch|reißen A 47, 29
hocken v/i; sich (A) ~
6
hoffen A od. auf A 6
holen A 6
holpern v/i (sein) mst.
über A 21
hopsen v/i (sein) 19
horchen v/i 6
hören A; auf j-n 6
horten A 18
hülfe s. helfen
hungern v/i; mich
hungert 21
hupen v/i 6
hüpfen v/i (sein) 6
huschen v/i (sein) 6
hüsteln v/i 20
husten v/i 18
hüten A; sich (A) ~ vor
D 18

I

identifizieren: sich (A)
~ mit D 23
ignorieren A 23
imitieren A 23
impfen A 6
imponieren D 23
importieren A 23
informieren A (a. sich)
über A 23
'inne|haben A 37
inspirieren j-n zu D 23
inszenieren A 23
integrieren A 23
interessieren A; sich
(A) ~ für A 23
intervenieren v/i 23
interviewen j-n 6
investieren A in A 23
'irre|führen A 11
irren: sich (A) ~ in D
16
iss, issest s. essen

J

jagen A, nach D; v/i
(fahren: sein) 6
jammern über A 21

jauchzen v/i über A,
vor D 19
johlen v/i 6
jubeln v/i über A, vor
D 20
jucken v/i; sich (A) ~ 6

K

kalkulieren A; v/i 23
kam, käme
s. kommen
kämmen A; sich A ~ 6
kämpfen für A; um A;
gegen A 6
kann s. können
kannte s. kennen
kapieren A 23
kapitulieren v/i (vor D)
23
kassieren A 23
kauen A 6
kaufen A bei j-m 6
kehren A; sich (A) ~
an D 6
keimen v/i 6
kennen A 53
'kennen|lernen A 11
kennzeichnen A 22
kentern v/i (sein) 21
keuchen v/i 6
kichern v/i 21
kippen A; v/i (sein) 6
kitzeln A; es kitzelt 20
klagen über A 6
klang, klänge
s. klingen
klappen A; v/i es
klappt 6
klappern v/i (mit D) 21
klären A (a. sich) 6
'klar|machen j-m etw.
11
klatschen v/i (über A)
6
klauen j-m etw. 6
kleben A 6
kleiden A; sich (A) ~
18
klemmen A; v/i 6
klettern v/i (sein) 21
klimmen v/i (sein) 49,
24
klimpern v/i 21
klingeln v/i (an D) 20

klingen v/i 44, 31
klomm, klömme
  s. klimmen
klopfen A; v/i an A 6
knabbern A; v/i an D
  21
knallen v/i; j-m eine ~
  6
knattern v/i 21
knausern mit D 21
knebeln j-n 20
kneifen A 47, 24
kneten A 18
knicken A 6
knien v/i; ich knie,
  du kniest; knie!;
  kniend 6
kniff s. kneifen
knipsen A 19
knistern v/i 21
knittern v/i 21
knoten A 18
knüpfen A an A 6
kochen A 6
ködern j-n mit D 21
kommandieren v/i; A
  23
kommen v/i (sein) 44,
  31
kommentieren A 23
kompromittieren j-n
  (mit D) 23
konfrontieren j-n mit D
  23
können 41
konnte, könnte
  s. können
konstatieren A 23
konsultieren A 23
kontern v/i 21
kontrollieren A 23
konzentrieren A; sich
  (A) ~ auf A 23
korrespondieren v/i
  mit D 23
korrigieren A 23
kosten A; j-n (Geld)
  18
krabbeln v/i (sein) 20
krachen v/i 6
krächzen v/i 19
krähen v/i (nach D) 6
kränkeln v/i 20
kranken an D 6

kränken A 6
kratzen A; v/i (an D)
  19
kräuseln: sich (A) ~
  20
kreischen v/i 6
kreisen v/i (haben od.
  sein) 19
krepieren v/i (sein)
  (an D) 23
kreuzen A; v/i; sich
  (A) ~ 19
kriechen v/i (sein);
  fig. vor j-m 49, 24
kriegen A 6
kritisieren A 23
kritzeln A (auf A) 20
kroch, kröche
  s. kriechen
krönen A 6
krümmen A; sich (A) ~
  vor D 6
kühlen A 6
kultivieren A 23
kümmern: sich (A) ~
  um A 21
kündigen A; j-m (A) 6
kurieren j-n 23
kürzen A 19
küssen A 19

L
laben: sich (A) ~ an D
  16
lächeln v/i über A 20
lachen v/i über A 6
lackieren A 23
laden A (mst. auf A)
  51, 31
lädt s. laden
lag, läge s. liegen
lagern A; v/i; sich (A)
  ~ 21
lähmen A 6
lahm|legen A 11
lallen v/i; A 6
landen A; v/i (sein) 18
langweilen A; sich (A)
  ~ 16
las, läse s. lesen
lassen A; sich (D)
  etw. machen ~ 50,
  24
lässt s. lassen

lauern v/i auf A 21
laufen v/i (sein) 51,
  24
läuft s. laufen
lauschen D 6
lauten v/i 18
läuten A; v/i 18
leben v/i von D 6
lechzen nach D 19
lecken A; v/i an D 6
leeren A; sich (A) ~ 6
legen A auf, in A 6
legitimieren: sich (A) ~
  als N 23
lehnen A an A; sich
  (A) ~ an A 6
lehren j-n etw. 6
'leicht|fallen D (sein)
  50, 29
leid|tun: es tut mir leid
  50, 31
leiden an D; unter D
  47, 24
leihen j-m etw. 48, 24
leisten (j-m) A 18
leiten A; v/i 18
lenken A 6
lernen A 6
lesen A; in D; über A
  52, 31
leuchten v/i 18
leugnen A; v/i 22
lichten: sich (A) ~ 18
lieben A 6
lief s. laufen
liefern j-m etw. 21
liegen an, auf, in D
  45, 31
lieh s. leihen
lies, liest s. lesen
ließ s. lassen
lindern A 21
lisch, lischt
  s. löschen
litt s. leiden
loben A 6
lochen A 6
locken A (an A, zu D)
  6
lockern A; sich (A) ~
  21
log, löge s. lügen
lohnen A; es lohnt sich
  6

los|brausen (= fahren)
v/i (sein) 19
löschen[1] A 6
(löschen[2]) v/i (sein)
50, 31
losen v/i um A 19
lösen A; sich (A) ~
von D 19
'los|lassen A 50, 29
'los|machen A 11
'los|reißen A; sich (A)
~ von D 47, 29
löten A 18
lüften A 18
lud, lüde s. laden
lügen v/i 50, 31
lutschen A; an D 6

M

machen A (zu D); sich
(A) ~ 6
mag s. mögen
mähen A 6
mahlen A (P. P.
gemahlen) 6
mahnen j-n wegen G,
zu D 6
mäkeln an D 20
malen A 6
mangeln[1]: es mangelt
mir an D 20
mangeln[2] A 20
marschieren v/i 23
martern j-n 21
maskieren: sich (A) ~
als N 23
maß s. messen
mäßigen A; sich (A) ~
6
maßregeln j-n (P. P.
gemaßregelt) 20
mästen A 18
meckern über A 21
meiden A 48, 24
meinen A (zu D) 6
meistern A 21
melden A 18
melken A 46, 31
merken A; sich (A)
etw. ~ 6
messen A 52, 31
meutern v/i 21
mied s. meiden
mieten A 18

mildern A 21
milk s. melken
mindern A 21
mischen A 6
miss'achten A
(P. P. missachtet) 18
miss'billigen A
(P. P. missbilligt) 6
miss'brauchen A
(P. P. missbraucht) 6
missen A 19
missest s. messen
miss'fallen j-m (P. P.
missfallen) 50, 24
miss'glücken: es miss-
glückt mir (sein)
(P. P. missglückt) 14
miss'handeln j-n (P. P.
misshandelt) 20
miss'lingen: es miss-
lingt mir (sein) (P. P.
misslungen) 45, 31
miss'raten j-m (sein)
(P. P. missraten) 50,
24
misst s. messen
miss'trauen D (haben)
(P. P. misstraut) 6
'missver'stehen A
(P. P. 'missverstan-
den) 46, 31
'mit|be'kommen A
(P. P. 'mitbekom-
men) 52, 31
'mit|bringen j-m etw.
53
'mit|fahren v/i (sein)
51, 31
'mit|gehen mit (sein)
D 44, 29
'mit|kommen v/i (sein)
52, 31
'mit|kriegen A 11
'mit|nehmen A 31
'mit|reißen A 47, 29
'mit|teilen j-m etw. 11
'mit|waschen A 51,
31
'mit|wirken an D, bei D
11
mixen A 19
möblieren A 23
mogeln v/i 20
mögen 41

mokieren: sich (A) ~
über A 23
molk, mölke
s. melken
morden v/i 18
morsen v/i 19
mucksen: sich (A) ~
19
mühen: sich (A) ~ 16
münden v/i (sein) mst.
in A 18
murmeln v/i; vor sich
(A, D) ~ 20
murren v/i gegen A 6
muss s. müssen
müssen 41
musste s. müssen
mustern A 21
'mut|maßen v/i (P. P.
gemutmaßt) 19

N

'nach|äffen A 11
'nach|ahmen A 11
'nach|denken über A
53
'nach|empfinden (j-m)
etw. (P. P. 'nach-
empfunden) 44, 31
'nach|forschen v/i 11
'nach|fragen v/i 11
'nach|geben D 52, 31
'nach|gehen v/i (sein);
D 44, 29
'nach|holen A 11
'nach|lassen v/i; A 50,
29
'nach|machen A 11
'nach|prüfen A 11
'nach|schauen v/i D; A
11
'nach|schlagen A 51,
31
'nach|sehen v/i D; A;
j-m etw. 52, 31
'nach|senden j-m etw.
53
'nach|stehen j-m an D
46, 31
'nach|stellen j-m; A 11
'nach|trauern D 21
'nach|voll'ziehen A
(P. P. 'nachvoll-
zogen) 49, 31

'nach|weisen A 48, 29
'nach|zahlen A 11
nagen A von D; an D 6
'nahe|legen j-m etw.
11
nähen A 6
'näher|kommen D 52,
31
nähern: sich (A) ~ D
21
nahm, nähme
s. nehmen
nähren A; sich (A) ~
von D 6
nannte s. nennen
necken j-n 6
nehmen etw. 31
neiden j-m etw. 18
neigen A; zu D 6
nennen A 53
nicken v/i 6
'nieder|lassen A; sich
(A) ~ 50, 29
'nieder|schlagen A;
sich (A) ~ 51, 31
nieseln v/i 20
niesen v/i 19
nimm, nimmt
s. nehmen
nippen v/i von D 6
nominieren A 23
nörgeln v/i an D 20
notieren A 23
nötigen j-n zu D 6
numerieren A 23
nutzen etw.; j-m 19
nützen etw.; j-m 19

O
offenbaren (j-m) etw. 6
öffnen (j-m) etw. 22
ohrfeigen j-n 6
ölen A 6
opfern A für A; D; sich
(A) ~ für A 21
ordnen A 22
orientieren j-n über A;
sich (A) ~ über A;
an D 23

P
paaren A; sich (A) ~ 6
pachten A 18
packen A (an D) 6

panzern A 21
parieren v/i (j-m); etw.
23
parken A 6
passen D 19
passieren v/i (sein),
mir ist ... passiert; A
23
pendeln v/i (an D; hin
und her ~) (sein) 20
pfänden A 18
pfeffern 21
pfeifen v/i (eine
Melodie) 47, 24
pfiff s. pfeifen
pflanzen A 19
pflastern A 21
pflegen A; + zu + Inf.
46, 31
pflog s. pflegen
pflücken A 6
pflügen A 6
pfuschen v/i 6
photographieren A 23
'piesacken j-n 6
piken A 6
pilgern v/i (sein) 21
plädieren für A 23
plagen j-n; sich (A) ~
6
planen A 6
planschen v/i 6
plappern v/i 21
plätten A 18
platzen v/i (sein) 19
plaudern mit j-m über
A 21
plündern A 21
pochen auf A 6
polstern A 21
prahlen mit D 6
praktizieren v/i; A 23
präsentieren j-m etw.
23
prassen v/i 19
predigen über A; j-m
etw. 6
preisen A 48, 24
preis|geben A 52, 31
prellen j-n um A; sich
(D) etw. ~ 6
pressen A 19
pries s. preisen
proben A; v/i 6

probieren A 23
produzieren A; v/i 23
profitieren von D 23
projizieren etw. auf A
23
prophezeien (j-m) etw.
6
protestieren gegen A
23
protzen mit D 19
prozessieren gegen A
23
prüfen A 6
prügeln A; sich (A) ~
mit D 20
pudern A (a. sich) 21
pulsieren v/i 23
pumpen A; j-m
(a. sich) etw. 6
pusten v/i; A 18
putschen v/i 6
putzen A 18

Q
quälen j-n (a. sich) 6
qualifizieren: sich (A)
~ (durch A für A) 23
qualmen v/i (A) 6
quatschen v/i (A) 6
quellen¹ v/i (sein) 46,
31
quellen² A 6
quillt s. quellen¹
quetschen A; sich (A)
~ 6
quietschen v/i 6
quittieren A 23
quoll s. quellen¹

R
rächen A; sich (A) ~
an j-m für A 6
'rad|fahren v/i (sein),
fährt Rad, radgefah-
ren 51, 31
rang, ränge s. ringen
rangieren A; v/i (an D)
23
rann, ränne s. rinnen
rannte s. rennen
rasen v/i; (fahren:
sein) 19
rasieren: sich (A) ~ 23
rasten v/i 18

70

rät s. raten
raten j-m etw. 50, 24
rätseln v/i über A 20
rauben j-m etw. 6
rauchen A 6
räuchern A 21
räumen A 6
raus- s. hinaus-, he-
rausrauschen v/i 6
räuspern: sich (A) ~ 21
reagieren v/i auf A 23
rechnen A; mit D; auf
A; j-n zu 22
rechtfertigen A 6
recken A (a. sich) 6
reden mit j-m über A;
von D 18
referieren über A 23
reformieren A 23
regeln A 20
regen: sich (A) ~ 16
regieren A 23
regnen: es regnet 22
reiben A 48, 24
reichen j-m etw. 6
reifen v/i (sein) 6
reimen A auf A; sich
(A) ~ 6
rein- s. herein-, hinein-
reinigen A 6
reisen (sein), von D
nach D, in A; über A
19
reißen A 47, 24
reiten v/i auf D;
(→ sein) 47, 24
reizen A 19
rennen v/i (sein) 53
reparieren A 23
reservieren j-m etw.;
etw. für j-n 23
resultieren aus D 23
retten j-n vor D 18
revanchieren: sich (A)
~ für 23
richten A; sich (A) ~
nach D 18
rieb s. reiben
riechen nach D; an D
49, 31
rief s. rufen
riet s. raten
ringen v/i mit D; um A
45, 31

rinnen v/i (sein) 44,
31
riskieren A 23
riss, risse s. reißen
roch, röche
s. riechen
rodeln v/i (sein,
haben) 20
roden A 18
rollen A; v/i (sein) 6
rönne s. rinnen
röntgen A 6
rosten v/i (sein,
haben) 18
rösten A 18
rücken A; v/i (sein) 6
'rück|fragen bei j-m
11
rudern v/i (→ sein)
21
rufen A 24
ruhen v/i 6
rühmen A; sich (A) ~
G 6
rühren: sich (A) ~ 16
runzeln A 20
rupfen A 6
rußen v/i 19
rüsten v/i; sich (A) ~
zu D 18
rutschen v/i (sein) 6
rütteln an D 20

S
säen A 6
sagen j-m (zu j-m) etw.
6
sägen A 6
sah, sähe s. sehen
salzen A (P. P. ge-
salzen) 19
sammeln A 20
sandte s. senden
sang, sänge s. singen
sank, sänke s. sinken
sann, sänne s. sinnen
saß, säße s. sitzen
satteln A 20
sättigen A 6
säubern A 21
saufen v/i; A 45, 31
saugen A 45, 31
säugen A 6
säumen A 6

säuseln v/i 20
schaden D 18
schaffen[1] A (ein
Werk) 51, 31
schaffen[2] A 6
schäkern mit D 21
schälen A 6
schallen v/i 51, 24
schalt s. schelten
schalten A 18
schämen: sich (A) ~
(wegen) G 16
schärfen A 6
scharren v/i mit D 6
schätzen A 19
schauen A 6
schaufeln A 20
schaukeln v/i 20
schäumen v/i (fig.
vor D) 6
scheiden v/i (sein)
aus D; von D; A 48,
24
scheinen v/i; mir
scheint 48, 24
scheißen v/i 47, 24
scheitern v/i (sein)
an D 21
schellen v/i 6
schelten A-A; auf A
43, 31
schenken j-m etw. 6
scheren A 46, 31
scherzen v/i 19
scheuen A; v/i; sich
(A) ~ 6
schicken j-m etw. 6
schieben A; etw. auf
j-n 49, 31
schied s. scheiden
schien s. scheinen
schießen A; v/i (sein)
49, 31
schikanieren A 23
schildern j-m etw. 21
schilt s. schelten
schimmeln v/i 20
schimpfen v/i über A;
auf A 6
schinden A (a. sich)
49, 31
schlachten A 18
schlafen v/i 50, 24
schläft s. schlafen

'schlafwandeln v/i
(sein, haben)
(P. P. geschlaf-
wandelt) 20
schlagen A; sich (A) ~
51, 31
schlägt s. schlagen
schlang, schlänge
s. schlingen
schlängeln: sich (A) ~
mst. durch A 20
schleichen v/i (sein);
sich (A) ~ 47, 24
schleifen[1] (glätten) A
47, 24
schleifen[2] A 6
schleißen A 47, 24
schlendern v/i (sein)
21
schleudern A 21
schlich s. schleichen
schlichten A 18
schlief s. schlafen
schließen A (aus D)
49, 31
schliff s. schleifen[1]
schlingen A um A 45,
31
schliss, schlisse
s. schleißen
schloss, schlösse
s. schließen
schluchzen v/i 19
schlucken A 6
schlug, schlüge
s. schlagen
schlüpfen v/i (sein) 6
schmachten nach D
18
schmälern A 21
schmausen v/i 19
schmecken D; A; nach
D 6
schmeicheln D 20
schmeißen A 47, 24
schmelzen A; v/i
(sein) 46, 31
schmerzen; es
schmerzt mich 19
schmieden A 18
schmiegen A; sich (A)
~ (oft: an A) 6
schminken j-n; sich
(A) ~ 6

schmilz, schmilzt
s. schmelzen
schmiss, schmisse
s. schmeißen
schmolz, schmölze
s. schmelzen
schmoren A; v/i 6
schmücken A; sich (A)
~ 6
schmuggeln A 20
schmunzeln über A 20
schmutzen v/i 19
schnalzen v/i mit D 19
schnarchen v/i 6
schneiden A; sich (A)
~ 47, 24
schneidern A 21
schneien; es schneit;
(→ sein) (in A) 6
schneuzen: sich (A) ~
19
schnitt s. schneiden
schnitzen A 19
schnob, schnöbe
s. schnauben
schnüffeln v/i (an D;
in D) 20
schnuppern v/i (an D)
21
schnüren A 6
schob, schöbe
s. schieben
scholl, schölle
s. schallen
schonen A; sich (A) ~
6
schöpfen A (aus D)
6
schor, schöre
s. scheren
schoss, schösse
s. schießen
schrauben an A 6
schreiben j-m etw.;
an D 48, 24
schreien v/i 48, 24
schreiten v/i (sein)
47, 24
schrie s. schreien
schrieb s. schreiben
schriee s. schreien
schnitt s. schneiden
schritt s. schreiten
schröpfen j-n 6

schrumpfen v/i (sein)
6
schubsen j-n 19
schuf, schüfe
s. schaffen[1]
schulden j-m etw. 18
schulen A 6
schund, schünde
s. schinden
schüren A 6
schütteln A 20
schütten A (mst. in A)
18
schützen j-n vor D 19
schwächen A 6
**schwamm,
schwämme**
s. schwimmen
schwand, schwände
s. schwinden
schwang, schwänge
s. schwingen
schwanken v/i
(zwischen D) 6
schwänzen A 19
schwärmen v/i für A 6
schwatzen v/i; (A) 19
schweben v/i (→ sein)
6
schweigen v/i 48, 24
schweißen A 19
schwelen v/i 6
schwellen[1] v/i (sein)
46, 31
schwellen[2] A 6
schwenken A; v/i
(→ sein) 6
'schwer|nehmen A
31
schwieg s. schweigen
schwillt s. schwellen[1]
schwimmen v/i;
(→ sein) 44, 31
schwindeln v/i 20
schwinden v/i (sein)
44, 31
schwingen A u. v/i
45, 31
schwitzen v/i 19
schwoll, schwölle
s. schwellen[1]
schwömme
s. schwimmen
schwor s. schwören

schwören D; A; j-m
etw. 50, 31
schwüre s. schwören
segeln v/i (→ sein)
20
segnen j-n 22
sehen A; v/i 52, 31
sehnen: sich (A) ~
nach D 16
sein 35
senden j-m etw. 53
senken A 6
servieren v/i; A 23
setzen etw. auf, in A;
sich (A) ~ auf, in A
19
seufzen v/i 19
sichern A; sich (A)
etw. ~ 21
sichten A 18
sieben A 6
sieden A 50, 31
siegen über A 6
sieh s. sehen
singen v/i; A 45, 31
sinken v/i (sein) 45,
31
sinnen auf A 44, 31
sitzen auf, in, an D
45, 31
'sitzen|bleiben v/i
(sein) 47, 29
'ski|fahren v/i (sein)
51, 31
soff, söffe s. saufen
sog, söge s. saugen
sollen 41
sönne s. sinnen
sonnen: sich (A) ~ 16
sorgen für A; sich (A)
~ um A 6
sott, sötte s. sieden
spalten A (P. P. ge-
spalten) 18
spann, spänne
s. spinnen
spannen A 6
sparen A 6
spaßen v/i mit D 19
spa'zieren|fahren A;
v/i (sein) 51, 31
spa'zieren|gehen v/i
(sein) 44, 29
speisen v/i; A 19

spekulieren auf A 23
spenden j-m etw. 18
sperren A; sich (A) ~
gegen A 6
spie, spiee s. speien
spielen A; mit D 6
spinnen A 44, 31
spitzen A 19
spleißen A 47, 24
spönne s. spinnen
spotten v/i über A 18
sprach, spräche
s. sprechen
sprechen v/i; A 43,
31
sprang, spränge
s. springen
sprengen A 6
sprich, spricht
s. sprechen
sprießen v/i (sein) 49,
31
springen v/i in, auf A,
aus D 45, 31
spritzen A; v/i mst.
aus D 19
spross, sprösse
s. sprießen
sprudeln v/i (→ sein)
20
spucken v/i 6
spuken v/i: es spukt 6
spülen A 6
spüren A 6
sputen: sich (A) ~ 18
stach, stäche
s. stechen
stahl, stähle
s. stehlen
stak, stäke s. stecken
stammeln A 20
stammen v/i aus D;
von D (selten: hat
gestammt) 6
stärken A, sich (A) ~ 6
starren auf A 6
starten v/i (sein); A
18
'statt|finden v/i 44, 31
stauen A; sich (A) ~
16
staunen über A 6
stechen A 43, 31
stecken in D 52, 31

stehen v/i; es steht
mir 46, 31
'stehen|bleiben v/i
(sein) 47, 29
'stehen|lassen A 50,
29
stehlen j-m etw. 43,
31
steigen (sein) auf,
in A; aus D 48, 24
steigern A 21
stellen eine Frage;
etw. an, auf, in A 6
stemmen A; sich (A) ~
gegen A 6
stempeln A 20
sterben v/i (sein) an D
43, 31
steuern A; D 21
stich s. stechen
sticken A; v/i 6
stieben v/i (a. sein)
49, 31
stieg s. steigen
stiehl s. stehlen
stieren v/i auf A 6
stieß s. stoßen
stiften A; j-m etw. 18
'still|legen A (legt still;
'stillgelegt) 11
stillen A 6
stimmen A; v/i 6
stinken v/i nach D 45,
31
stirb s. sterben
stob, stöbe s. stieben
stocken v/i 6
stöhnen v/i unter D;
über A 6
stolpern v/i (sein) über
A 21
stopfen A; v/i 6
stören A 6
stoßen A; v/i (→ sein)
52, 24
stösst s. stoßen
stottern v/i 21
strafen A 6
strahlen v/i (vor D) 6
stranden v/i (sein) 18
sträuben: sich (A) ~
gegen A 16
straucheln v/i (sein)
20

streben nach D 6
strecken A; sich (A) ~ 6
streichen A; v/i über, durch A (sein) 47, 24
streifen A; v/i (sein) 6
streiken v/i 6
streiten mit j-m; sich (A) ~ über A 47, 24
streuen A 6
strich s. streichen
stricken A 6
stritt s. streiten
strömen v/i (sein) 6
strotzen v/i vor D 19
studieren A 23
stülpen A 6
stünde s. stehen
stunden j-m etw. 18
stürbe s. sterben
stürmen A; v/i (→ sein) 6
stürzen A; v/i (sein); sich (A) ~ in, auf A 19
stutzen A; v/i 19
stützen A; sich (A) ~ auf A 19
subtrahieren A; v/i 23
suchen A; nach D 6
sündigen v/i (gegen A) 6
süßen A 19

T

tadeln A (wegen G) 20
tagen v/i 6
tanken A; v/i 6
tanzen v/i (→ sein) 19
tapezieren A 23
tarnen A 6
tat s. tun
tauchen A in A; v/i (sein) 6
tauen: es hat getaut; (Schnee usw.: sein) 6
taufen A 6
taugen v/i zu D, für A; (Objekt nur etwas, nichts usw.) 6
taumeln v/i (sein) 20

tauschen A (gegen A); mit j-m 6
täuschen A; sich (A) ~ in D 6
teilen A 6
'teil|nehmen an D 31
telefonieren mit D 23
testen A 18
tilgen A 6
tippen A; v/i; auf A 6
toasten A 18
toben v/i (→ sein) 6
tönen v/i 6
tosen v/i 19
töten j-n 18
'tot|schlagen j-n 51, 31
trachten v/i nach 18
traf s. treffen
tragen A 51, 31
trägt s. tragen
trällern A 21
trampeln v/i mit D; v/i (→ sein) 20
tränen v/i 6
trank, tränke s. trinken
tränken A 6
trat, träte s. treten
trauen D; j-m 6
trauern um A 21
träufeln A in A 20
träumen von D 6
treffen A (a. sich) 43, 31
treiben A 48, 24
trennen A von D; sich (A) ~ von D 6
treten an, auf, in A, aus D (sein); A 52, 31
trieb s. treiben
triefen v/i 49, 31
triff s. treffen
trinken A 45, 31
tritt s. treten
trocknen A; v/i (sein) 22
trödeln v/i 20
troff, tröffe s. triefen
trog, tröge s. trügen
trommeln v/i (auf, gegen A) 20
trompeten v/i 18

tröpfeln v/i; etw. in A 20
tropfen v/i 6
trösten A; sich (A) ~ über A 18
trotzen D 19
trug, trüge s. tragen
trügen A; v/i 50, 31
tummeln: sich (A) ~ (in D) 20
tun A 50, 31
tünchen A 6
türmen[1]: sich (A) ~ 16
türmen[2] v/i (sein) 6
turnen v/i 6
tuschen A; v/i 6

U

'übel|nehmen j-m etw. 31
üben A; sich (A) ~ in D 6
über'anstrengen A (a. sich) 6
über'arbeiten A; sich (A) ~ 18
'überbewerten A (P. P. überbewertet) 18
über'bieten A; sich (A) ~ 48, 31
über'blicken A 6
über'bringen j-m etw. 53
über'brücken A 6
über'denken A 53
über'eilen A (a. sich) 6
über'einstimmen mit j-m (in D) 6
über'fahren A 51, 31
über'fallen A 50, 24
über'fliegen A 48, 31
über'fordern A mit D 21
'über|führen A 11
über'führen A 6
über'geben j-m etw. 52, 31
'über|gehen v/i (sein) zu D 44, 29
über'gehen A 44, 24
über'hand|nehmen v/i 31
über'häufen A mit D 6

über'holen A 6
über'hören A 6
über'lassen j-m etw. 50, 24
'über|laufen v/i (sein) zu D 51, 29
über'leben A (heute fälschlich auch v/i) 6
'über|legen A 11
über'legen: sich (D) etw. ~ 16
über'liefern j-m etw. 21
über'mitteln j-m etw. 20
über'nachten v/i 18
über'nehmen A; sich (A) ~ mit D 31
über'prüfen A 6
über'queren A 6
über'raschen A mit D 6
über'reden j-n zu D 18
über'reichen j-m etw. 6
über'schätzen A 19
über'schneiden: sich (A) ~ 47, 24
über'schreiten A 47, 24
über'schwemmen A 6
über'sehen A 52, 31
'über|setzen A (an, auf, A) 19
über'setzen (einen Text) aus dem ... ins ... 19
'über|siedeln v/i (sein) 20
über'stehen A 46, 31
über'steigen A 48, 24
über'stürzen A 19
über'tönen A 6
über'tragen A auf A; j-m etw.; s. a. über'setzen 51, 31
über'treffen j-n an D 43, 31
über'treiben A 48, 24
'über|treten v/i (sein) zu D 52, 31
über'treten A 52, 31
über'vorteilen j-n 6

über'wachen A 6
über'wältigen A 6
über'weisen j-m etw. 48, 24
über'werfen: sich (A) ~ mit j-m wegen G 44, 31
über'wiegen v/i; A 49, 31
über'winden A 44, 31
über'zeugen A von D; sich (A) ~ von D 6
'um|arbeiten A 18
'um|benennen A (P. P. 'umbenannt) 53
'um|binden j-m (od. sich) etw. 44, 29
'um|blättern A 21
'um|bringen A (a. sich) 53
'um|fallen v/i (sein) 50, 29
um'fassen A 19
'um|funktionieren A (P. P. 'umfunktioniert) 23
um'geben A 52, 31
'um|gehen v/i (sein) mit D 44, 29
um'gehen A 44, 24
'um|gestalten A (P. P. umgestaltet) 18
'um|graben A 51, 31
um'hin|können: nicht ~ zu + Inf. 41
um'hüllen A 6
'um|kehren A; v/i (sein) 11
'um|kommen v/i (sein) 52, 31
'um|laufen v/i (sein) 51, 29
um'laufen A 51, 24
'um|legen A 11
'um|leiten A 18
um'rahmen A 6
'um|reißen A 47, 29
um'reißen A 47, 24
'um|rennen A 53
'um|rühren A 11
'um|satteln v/i 20
'um|schalten A auf A 18

'um|schlagen A; v/i (sein) 51, 31
um'schließen A 49, 31
'um|schreiben A 48, 29
um'schreiben A 48, 24
'um|schulen A 11
'um|schwenken v/i (sein) 11
'um|sehen: sich (A) ~ 52, 31
'um|setzen A 19
'um|steigen auf, in A 48, 24
'um|stellen A; sich (A) ~ auf A 11
um'stellen A 6
'um|stoßen A 52, 31
'um|tauschen A 11
'um|wenden A; sich (A) ~ 53
'um|werfen A 44, 31
'um|ziehen v/i (sein) 49, 31
um'zingeln A 20
unter'bieten A 48, 31
unter'binden A 44, 31
unter'brechen 43, 31
unter'breiten j-m etw. 18
'unter|bringen A 53
unter'drücken A 6
'unter|gehen v/i (sein) 44, 29
unter'graben A 51, 31
unter'halten A; sich (A) ~ über A 50, 24
'unter|kommen v/i (sein) 52, 31
unter'lassen A 50, 24
unter'laufen v/i (sein) D; A 51, 24
unter'liegen D (sein) 45, 31
unter'mauern A 21
unter'nehmen A 31
'unter|ordnen A (a. sich) – D 22
unter'richten j-n (über A); sich (A) ~ über A 18
unter'sagen j-m etw. 6

unter'schätzen A 19
unter'scheiden A;
  sich (A) ~ von D 48,
  24
'unter|schieben j-m
  etw. 49, 31
unter'schieben j-m
  etw. 49, 31
unter'schlagen A 51,
  31
unter'schreiben A 48,
  24
unter'stehen v/i D 46,
  31
'unter|stellen A 11
unter'stellen j-m etw.
  6
unter'streichen A 47,
  24
unter'stützen A 19
unter'suchen A 6
'unter|tauchen v/i
  (sein) 11
unter'weisen j-n in D
  48, 24
unter'werfen A
  (a. sich) − D 44, 31
unter'zeichnen A 22
unter'ziehen A − D
  49, 31
'urteilen über A 6

V

ver'abreden: sich (A)
  ~ mit D 18
ver'abscheuen A 6
ver'abschieden: sich
  (A) ~ von D 18
verachten A 18
verallgemeinern A 21
ver'alten v/i (sein)
  18
ver'ändern A 21
ver'anlassen A 19
ver'anstalten A 18
ver'antworten A 18
ver'ärgern A 21
ver'arzten A 18
ver'ausgaben A
  (a. sich) 6
ver'äußern A 21
ver'bannen A (aus D)
  6
ver'bauen A 6

ver'bergen etw. vor D
  44, 31
ver'bessern A 21
ver'beugen: sich (A) ~
  vor D 16
ver'bieten j-m etw. 48,
  31
ver'binden A mit D
  44, 31
ver'bitten: sich (D) ~
  A 45, 31
ver'blassen v/i (sein)
  19
ver'bleiben v/i (sein)
  47, 24
ver'blüffen A 6
ver'blühen v/i (sein)
  14
ver'bluten v/i (sein) 18
ver'brauchen A 6
ver'brechen A 43, 31
ver'breiten A (a. sich)
  18
ver'brennen A; v/i
  (sein) 53
ver'bringen A 53
ver'bünden: sich (A) ~
  mit D 18
ver'dächtigen j-n G 6
ver'danken j-m etw. 6
verdarb s. verderben
ver'dauen A 6
ver'denken j-m etw.
  53
ver'derben j-m
  (od. sich) etw.; v/i
  (sich) 43, 31
ver'deutschen j-m etw.
  6
ver'dienen A 6
verdirb s. verderben
ver'doppeln A 20
verdorben
  s. verderben
ver'drängen A aus D 6
ver'drießen: es ver-
  drießt mich 49, 31
verdross, verdrösse
  s. verdrießen
verdrossen s. ver-
  drießen
ver'dunkeln A 20
verdürbe s. verderben
ver'ehren A 6

ver'eidigen j-n (auf A)
  6
ver'einbaren etw. mit
  j-m 6
ver'einen A 6
ver'einfachen A 6
ver'einigen A; sich (A)
  ~ mit D 6
ver'eiteln A 20
ver'enden v/i (sein) 18
ver'erben j-m etw. 6
ver'fahren v/i (sein)
  mit D, gegen A; A
  51, 31
ver'fallen v/i (sein)
  (in A) 50, 24
ver'fälschen A 6
ver'fassen A 19
ver'fehlen A 6
ver'filmen A 6
ver'fluchen A 6
ver'flüchtigen A; sich
  (A) ~ 6
ver'folgen A 6
ver'fügen A; über A
  6
ver'führen j-n zu D 6
vergaß, vergäße
  s. vergessen
ver'geben j-m etw.; A;
  D (od. sich) etw. 52,
  31
ver'gegenwärtigen:
  sich (D) ~ A 16
ver'gehen v/i (sein);
  sich (A) ~ gegen A
  44, 24
ver'gelten A mit D;
  j-m etw. 43, 31
ver'gessen A 52, 31
ver'geuden A 18
vergiss, vergisst
  s. vergessen
ver'gleichen etw. mit
  D 46, 24
ver'größern A 21
ver'güten j-m etw. 18
ver'haften A 18
ver'halten A; sich (A)
  ~ 50, 24
ver'handeln mit j-m
  über A 20
ver'heiraten j-n
  (od. sich) mit D 18

ver'**helfen** j-m zu D
43, 31
ver'hindern A 21
ver'hören A; sich (A) ~
6
ver'hungern v/i (sein)
21
ver'hüten A 18
ver'irren: sich (A) ~ 16
ver'jüngen A; sich (A)
~ 6
ver'kaufen j-m etw. 6
ver'kehren v/i mit D; A
(in A) 6
ver'**kennen** A 53
ver'kleiden A (a. sich)
18
ver'kleinern A (a. sich)
21
ver'**kommen** v/i (sein)
52, 31
ver'körpern A 21
ver'kraften A 18
ver'kümmern v/i (sein)
21
ver'künden A 18
ver'kürzen A 19
ver'**laden** A 51, 31
ver'lagern A 21
ver'langen von j-m
etw. 6
ver'**lassen** A; sich (A)
~ auf A 50, 24
ver'**laufen** v/i (sein);
sich (A) ~ 51, 24
ver'leben A 6
ver'legen A; sich (A) ~
auf A 6
ver'**leihen** j-m etw. 48,
24
ver'lernen A 6
ver'letzen A; sich (A)
~ 19
ver'leugnen A 22
ver'leumden j-n 18
ver'lieben: sich (A) ~
in A 16
ver'**lieren** A 49, 31
ver'loben: sich (A) ~ 6
verlor, verlöre
s. verlieren
verloren s. verlieren
ver'loren|**gehen** v/i
(sein) 44, 29

ver'**löschen** v/i (sein)
50, 24
ver'losen A 19
ver'mehren A (a. sich)
6
ver'**meiden** A 48, 24
ver'merken A 6
ver'mieten j-m (od. an
j-n) etw. 18
ver'mindern A (a. sich)
21
ver'missen A 19
ver'mitteln j-m etw. 20
ver'**mögen** A od. Inf.
+ zu 41
ver'muten A 18
ver'nachlässigen A 6
ver'**nehmen** A 31
ver'neinen A 6
ver'nichten A 18
ver'öffentlichen A 6
ver'ordnen j-m etw. 22
ver'packen A 6
ver'passen A 19
ver'pflegen j-n 6
ver'pflichten j-n od.
sich (A) ~ zu D 18
ver'prügeln j-n 20
ver'**raten** j-m etw. 50,
24
ver'rechnen A mit D;
sich (A) ~ 22
ver'reisen v/i (sein) 19
ver'richten A 18
ver'ringern A 21
ver'rosten v/i (sein) 18
ver'sagen j-m
(od. sich) etw.; v/i 6
ver'sammeln A; sich
(A) ~ 20
ver'säumen A 6
ver'schaffen j-m
(od. sich) etw. 6
ver'schärfen A; sich
(A) ~ 6
ver'schenken A; sich
(A) ~ 6
ver'scheuchen A 6
ver'schicken A 6
ver'**schlafen** A 50, 24
ver'schlechtern A;
sich (A) ~ 21
ver'schleiern A; sich
(A) ~ 21

ver'**schließen** A; sich
(A) ~ D 49, 31
ver'schlimmern A; sich
(A) ~ 21
ver'**schlingen** A 45,
31
ver'schlucken A; sich
(A) ~ 6
ver'schonen j-n (mit D)
6
ver'**schreiben** j-m
etw.; sich (A) ~ 48,
24
ver'schulden A 18
**verschwand,
verschwände**
s. verschwinden
ver'**schweigen** A 48,
24
ver'schwenden A
(an A) 18
ver'**schwinden** v/i
(sein) 44, 31
ver'**schwören**: sich
(A) ~ gegen (A) 50,
31
verschwunden
s. verschwinden
ver'**sehen** A mit D 52,
31
ver'setzen A; j-m etw.
19
ver'sichern j-m A; sich
(A) ~ G; gegen A 21
ver'söhnen A; sich (A)
~ mit D 6
ver'sorgen j-n (mit D)
6
ver'späten: sich (A) ~
18
ver'sperren j-m etw. 6
ver'spotten A 18
ver'**sprechen** j-m etw.
43, 31
ver'ständigen j-n über
A; sich (A) ~ mit D
6
ver'stärken A (a. sich)
6
ver'stecken etw. vor D
6
ver'**stehen** A unter D;
von D; sich (A) ~
mit D 46, 31

ver'stopfen A 6
ver'**stoßen** gegen A
  52, 24
ver'stummen v/i (sein)
  14
ver'suchen A 6
ver'tagen A 6
ver'teidigen A; sich
  (A) ~ gegen A 6
ver'teilen A (an A) 6
ver'tiefen A 6
ver'**tragen** A; sich (A)
  ~ mit D 51, 31
ver'trauen D, auf A 6
ver'**treiben** A 48, 24
ver'**treten** A 52, 31
ver'unglücken v/i
  (sein) 14
ver'unstalten A 18
ver'ursachen A 6
ver'urteilen j-n zu D; A
  6
ver'vielfältigen A 6
ver'vollkommnen A;
  sich (A) ~ in D 22
ver'vollständigen A 6
ver'**wachsen** v/i
  (sein); sich (A) ~
  51, 31
ver'wahren A; sich (A)
  ~ gegen (A) 6
ver'wahrlosen v/i
  (sein) 19
ver'walten A 18
ver'wandeln (sich A)
  in A 20
ver'wechseln etw. mit
  D 20
ver'weigern j-m etw.
  21
ver'**weisen** j-n an, auf
  A; j-m etw.; j-n von
  D 48, 24
ver'welken v/i (sein)
  14
ver'**wenden** A; sich
  (A) ~ für A 53
ver'**werfen** A 44, 31
ver'werten A 18
ver'wickeln j-n in A
  20
ver'wirklichen A 6
ver'wirren A 6
ver'wischen A 6

ver'wittern v/i (sein)
  21
ver'wöhnen j-n 6
ver'wunden A 18
ver'wünschen A 6
ver'wüsten A 18
ver'zagen v/i (sein) 14
ver'zaubern j-n in A 21
ver'zehren A 6
ver'zeichnen A 22
ver'**zeihen** j-m etw.
  48, 24
ver'zerren A 6
ver'zichten auf A 18
verzieh, verziehen
  s. verzeihen
ver'**ziehen** A; v/i
  (sein); sich (A) ~ 49
ver'zieren A 6
ver'zögern A (a. sich)
  21
ver'zollen A 6
ver'zweifeln v/i (sein)
  an D 20
vo'llenden A 18
voll'strecken A
  (P. P. vollstreckt) 6
vor sich (D) hin dösen
  usw. s. dösen
vo'ran|**gehen** v/i (sein)
  44, 29
vor'an|**kommen** v/i
  (sein) (mit D) 52, 31
vo'raus|**gehen** v/i
  (sein) (D) 44, 29
vo'raus|sagen A 11
vo'raus|setzen A 19
vor'bei|**kommen** v/i
  (sein) 52, 31
'vor|**behalten**: sich (D)
  etw. ~ (P. P. vor-
  behalten) 50, 29
'vor|bereiten A; j-n od.
  sich (A) ~ auf D 18
'vor|beugen D; sich
  (A) ~ 11
'vor|**bringen** A 53
'vor|**fallen** v/i (sein)
  50, 29
'vor|**finden** A 44, 31
'vor|führen j-m etw. 11
'vor|**gehen** v/i (sein)
  (gegen A) 44, 29
'vor|**haben** A 37

'vor|**halten** (j-m) etw.
  50, 29
'vor|herrschen v/i 11
vor'her|sagen A 11
'vor|**kommen** v/i
  (sein); j-m 52, 31
'vor|**laden** j-n als A
  51, 31
'vor|merken A 11
'vor|**nehmen** A; sich
  (D) ~ A 31
'vor|rücken v/i; A 11
'vor|**schlagen** j-m etw.
  51, 31
'vor|**schreiben** j-m
  etw. 48, 29
'vor|**sehen** A; sich (A)
  ~ vor D 52, 31
'vor|stellen j-m etw.;
  sich (D) etw. ~
  unter D 11
'vor|täuschen A 11
'vor|**tragen** (j-m) etw.
  51, 31
vor'über|**gehen** an D
  44, 29
'vor|**werfen** j-m etw.
  44, 31
'vor|**ziehen** A – D 49,
  31

W

wachen v/i 6
'wach|**rufen** A 29
wachsen[1] v/i (sein)
  51, 31
wachsen[2] A 19
wächst s. wachsen[1]
wackeln v/i 20
wagen A 6
wählen A (zu D) 6
'wahr|**nehmen** A 31
wälzen A; sich (A) ~
  19
wand, wände
  s. winden
wandern v/i (sein) 21
wandte s. wenden
wappnen: sich (A) ~
  gegen 22
war, wäre s. sein
warb s. werben
ward s. werden
warf s. werfen

wärmen A 6
warnen j-n vor D 6
warten auf A 18
waschen A; sich (A) ~ 51, 31
wäscht s. waschen
weben A 6
wechseln A; j-m etw.; v/i 20
wecken A 6
'weg|**fahren** v/i (sein) 51, 31
'weg|**fallen** v/i (sein) 50, 29
'weg|**fliegen** v/i (sein) 48, 31
'weg|**gehen** v/i (sein) 44, 29
'weg|**laufen** (D) 51, 29
'weg|**nehmen** j-m etw. 31
'weg|schaffen A 11
'weg|**werfen** A 44, 31
wehen v/i 6
wehren D; sich (A) ~ gegen A 6
weh **tun** D 50, 31
weichen v/i (sein) 47, 24
weiden A; v/i; sich (A) ~ an D 18
weigern: sich (A) ~ 21
weinen über A; um A 6
weisen j-m etw.; j-n aus D, von D 48, 24
weißen A 19
weiß, weißt s. wissen
'weiter|**fahren** v/i (sein) 51, 31
'weiter|**gehen** v/i (sein) 44, 29
welken v/i (sein) 6
wenden A; sich (A) ~ an A 53
werben j-n; v/i für A; um A 43, 31
werden N; zu D 39
werfen A 44, 31
werten A 18
'wetteifern mit D, um A (P. P. gewetteifert) 21

wetten v/i um A 18
wich s. weichen
wickeln A in A, um A 20
wider'**fahren** v/i D (sein) 51, 31
wider'legen A 6
wider'**rufen** A 24
wider'setzen: sich (A) ~ D 19
'wider|spiegeln A; sich (A) ~ in D 20
wider'**sprechen** D; sich (D) ~ 43, 31.
wider'**stehen** D 46, 31
wider'streben D 6
widmen j-m etw.; sich (A) ~ D 22
'wider|**geben** j-m etw. 52, 31
wieder'gut|machen A (macht wieder gut; wiedergutgemacht) 11
wieder'holen A 6
'wieder|holen A 11
'wieder|kehren v/i (sein) 11
'wieder|**kommen** v/i (sein) 52, 31
'wieder|**sehen** A (a. sich) 52, 31
'wieder|**treffen** A 43, 31
wiegen[1] A 49, 31
wiegen[2] (schaukeln) A 6
wiehern v/i 21
wies s. weisen
will s. wollen
winden: sich (A) ~ vor D 44, 31
winken D 6
wirb s. werben
wird s. werden
wirf s. werfen
wirken auf A; A 6
wirst s. werden
wirtschaften v/i mit D 18
wischen A 6
wissen A; etw. über etw.; um A 53
wob, wöbe s. weben

wog, wöge s. wiegen[1]
wohnen v/i in D 6
wollen 41
wringen A 45, 24
wuchern mit D; v/i (sein) 21
wuchs, wüchse s. wachsen
wühlen v/i in D; A 6
wundern: sich (A) ~ über A 21
wünschen j-m etw.; sich (D) etw. ~ 6
würbe s. werben
wurde, würde s. werden
würdigen A; j-n – G 6
würfe s. werfen
würgen A; v/i an D 6
würzen A (mit D) 19
wusch, wüsche s. waschen
wusste, wüsste s. wissen

Z

zahlen j-m (an j-n) etw. für A 6
zählen A; v/i 6
zähmen A 6
zanken v/i; sich (A) ~ (mit D) 6
zaubern A; v/i 21
zaudern v/i 21
zechen v/i 6
zehren an D; von D 6
zeichnen A; v/i 22
zeigen j-m etw.; auf A; sich (A) ~ 6
zeihen j-n – G 48, 24
zentralisieren A 23
zer'**brechen** A; v/i an D (sein) 43, 31
zer'bröckeln A; v/i (sein) 20
zer'**fallen** v/i (sein) 50, 24
zer'**gehen** v/i (sein) 44, 24
zer'kleinern A 21
zer'legen A 6
zer'mürben A 6
zer'**reißen** A; sich (D) ~ A 47, 24

'zerren A; an D 6
zer'schlagen A; sich
(A) ~ 47, 31
zer'setzen A (a. sich)
19
zer'stören A 6
zer'streuen A (a. sich)
6
zer'trümmern A 21
zeugen A; gegen A;
von D 6
zieh s. zeihen
ziehen v/i (sein) nach
D, in A; A 49, 31
zielen v/i auf A 6
ziemen: es ziemt sich
6
zischen v/i 6
zittern vor D 21
zog, zöge s. ziehen
zögern mit D 21
'zu|bereiten A 18
züchten A 18
zucken v/i 6
zücken A 6
'zu|erkennen j-m etw.
53
'zu|fallen v/i D 50, 29
'zu|fügen j-m etw. 11
'zu|geben A 52, 31
'zu|gehen v/i (sein)
(D) 44, 29
'zu|hören D 11
'zu|kommen D 52, 31
'zu|lassen A 50, 29
'zu|machen A 11
'zu|muten j-m etw. 18
zünden A 18
'zu|nehmen v/i 31

zu'recht|finden: sich
(A) ~ in D 44, 31
zu'recht|kommen v/i
(sein) mit D 52, 31
'zu|reden v/i D 18
'zu|richten A 18
zürnen D 6
zu'rück|fahren v/i
(sein) 51, 31
zu'rück|fragen bei D
11
zu'rück|gehen v/i
(sein) 44, 29
zu'rück|kehren v/i
(sein) 11
zu'rück|kommen v/i
(sein) 52, 31
zu'rück|laufen v/i
(sein) 51, 29
zu'rück|legen A 11
zu'rück|schrecken v/i
(sein) vor D (schrak
od. schreckte
zurück; zurück-
geschreckt) 11
zu'rück|setzen A 19
zu'rück|weisen A 48,
29
zu'rück|zahlen j-m etw.
11
zu'rück|ziehen A
(a. sich) 49, 31
'zu|rufen j-m etw. 29
'zu|sagen j-m etw. 11
zu'sammen|arbeiten v/i
18
zu'sammen|gehören v/i
(P. P. zusammen-
gehört) 11

zu'sammen|nehmen A;
sich (A) ~ 31
zu'sammen|schließen:
sich (A) ~ 49, 31
zu'sammen|setzen A;
sich (A) ~ (aus D)
19
zu'sammen|sitzen v/i
45, 31
zu'sammen|stoßen v/i
(sein) mit D 52, 29
'zu|schanzen j-m etw.
19
'zu|schreiben j-m etw.
48, 29
'zu|sehen v/i j-m, D
bei D 52, 31
'zu|sichern j-m etw. 21
'zu|spitzen: sich (A) ~
19
'zu|stehen D; j-m etw.
46, 31
'zu|stellen j-m etw. 11
'zu|stimmen D 11
'zu|teilen j-m etw. 11
'zu|trauen j-m etw. 11
'zu|treffen v/i (auf A)
43, 31
zu'vor|kommen v/i
(sein) D 52, 31
zu'wider|handeln D
20
'zu|ziehen A; sich (D)
~ A 49, 31
zwang, zwänge
s. zwingen
zweifeln v/i an D 20
zwingen j-n zu D 45,
31